인간과 신앙 (스물세 번째 말씀)
ⓒ 베디웃자만 사이드 누르시, 2025

초판 1쇄 발행 2025년 9월 24일

지은이   베디웃자만 사이드 누르시
번역자   고화영
편집자   코리아누르팀
펴낸이   이기봉
펴낸곳   도서출판 좋은땅
주소   서울특별시 마포구 양화로12길 26 지월드빌딩 (서교동 395-7)
전화   02)374-8616~7
팩스   02)374-8614
이메일   gworldbook@naver.com
홈페이지 www.g-world.co.kr

ISBN   979-11-388-4704-9 (03230)

- 가격은 뒤표지에 있습니다.
- 이 책은 저작권법에 의하여 보호를 받는 저작물이므로 무단 전재와 복제를 금합니다.
- 파본은 구입하신 서점에서 교환해 드립니다.

리살레이누르

인간과 신앙

베디웃자만 사이드 누르시

머리말

자비로우시고 자애로우신 하나님의 이름으로

세상이 창조되었을 때부터 지금까지 인류는 '인간이 세상에 온 목적이 무엇인가'라는 의구심을 품고 올바른 답을 찾고 있습니다. 본 책의 저자 베디웃자만 사이드 누르시(Bediuzzaman Said Nursi)는 인간이 세상에 온 목적은 자신의 창조주를 알고 그분을 사랑하는 것이라고 설명합니다. 본 책에서는 인간이 자신의 창조주를 알며 사랑하는 것이 신앙이며, 신앙과 불신으로 인해 일어나는 결과를 단순하고 논리적으로 설명하였습니다.

우리 코리아누르팀은 원본을 유지하기 위해 가급적 의역이 아닌 직역을 하였습니다. 이와 관련하여 몇 가지 설명이 필요할 것 같습니다.

1. 원본에 있는 아랍어는 한국어로 정확하게 표현하는 것이 불가능하여 문장 전체의 의미를 유지하지 못하므로 원본에 없는 각주를 기재하게 되었습니다(예: Malik-I Ebedi, Hakim-I Ezel 등).
2. 본 책에 있는 이슬람교와 관련된 어떤 표현들은 한국 독자들이 잘 알지 못함으로 각주로 설명하였습니다(예: 우두, 하디스 등).
3. 존경스러운 저자의 아랍어 원본 작품을 튀르키예어로 번역하신 그 분의 동생 압둘메지드 누르시(Abdulmecid Nursi) 학자는 원본에 있는 일부분과 기도를 번역하지 않으셨습니다. 왜냐하면 튀르키예어로 아랍어의 표현을 정확하게 할 수 없을 뿐만 아니라 기타 이유들도 있었기 때문입니다. 저희도 마찬가지로 일부분은 번역하지 않았습니다. 궁금하신 독자분들은 본 작품의 원본을 참고하시기를 바랍니다(www.erisale.com).

본 책은 원본과 정확하게 일치한 번역이라고 판단하기 어렵습니다. 이 책의 저자인 존경스럽고 위대한 이슬람 학자 베디웃자만 사이드 누르시의 모든 저서를 번역할 수 있는 한국 형제자매를 허락해 주시기를 자비로우신 하나님께 기도드립니다. 저희가 한 것은 그런 분들을 하나님께서 허락해 주시도록 하는 기도뿐입니다.

진실한 성공과 인도는 하나님의 뜻입니다.

2025년 8월
코리아누르팀

목차

제1장
첫 번째 요점 • 10
두 번째 요점 • 14
세 번째 요점 • 19
네 번째 요점 • 23
다섯 번째 요점 • 27

제2장
첫 번째 요점 • 36
두 번째 요점 • 41
세 번째 요점 • 48
네 번째 요점 • 58
다섯 번째 요점 • 63
스무 번째 편지 • 73

스물세 번째 말씀

이 말씀은 두 개의 장으로 이루어져 있습니다.

자비로우시고 자애로우신 하나님의 이름으로

لَقَدْ خَلَقْنَا ٱلْإِنْسَانَ فِى أَحْسَنِ تَقْوِيمٍ ۞ ثُمَّ رَدَدْنَاهُ أَسْفَلَ سَافِلِينَ ۞ إِلاَّ ٱلَّذِينَ آمَنُوا وَعَمِلُوا ٱلصَّالِحَاتِ ۞

"하나님은 인간을 가장 아름다운 형상으로 만드신 후
그의 위치를 가장 낮게 하셨노라.
그러나 믿음을 가진 자들과 선을 행하는 자들은 제외되어."[1]

---

1) 꾸란 95장 (틴 장) 4-6절

제1장

신앙의 수천 가지 좋은 점 중 다섯 가지만을 다섯 가지 요점으로 설명하겠습니다.

첫 번째 요점

인간은 신앙의 빛으로 가장 높은 지위에 올라가 천국에 합당한 가치를 얻을 수 있습니다. 그리고 불신의 암흑으로 낮은 지위 중 가장 낮은 지위로 떨어져 지옥에 어울리는 상태로 떨어지게 됩니다. 왜냐하면 신앙은 인간을 영광스러운 예술가이신 분과 연결해 주기 때문입니다. 신앙은 하나의 관계입니다. 따라서 인간은 신앙을 통해 자신에서 보이는 신성한 예술과 주님의 이름들을 새겨놓으신 자수들이라는 관점에서 가치를 얻게 됩니다. 불신앙은 그러한 관계를 단절시킵니다. 그러한 단절로 인해 주님의 예술은 숨어버립니다. 그것의 가치 그것의 가치 또한 오직 물질적인 것에만 국한되게 됩니다. 물질적인 것은 왔다가 사라지는 유한한 것이며 일시적인 일종의 동물적 삶과 같은 것이기 때문에 그 가치는 없는 것과 같습니다.

이 비밀을 예로 들어 설명하겠습니다.

예: 인간의 예술품 중에는 물질적 가치와 예술적 가치가 별개인 경우가 있습니다. 때로는 둘의 가치가 같을 수도 있으며, 때로는 물질이 더 높을 때도 있으며, 때로는 오십원짜리 쇠와 같은 물질에 오만 원짜리 예술이 있기도 합니다. 심지어는 골동 예술품이 백만 달러의 가치가 있는 골동 예술품이 오히려 그 재료의 값은 오십 원밖에 되지 않는 경우도 있습니다.

그런 골동 예술품을 골동품 시장에 가져가서, 경이롭고 아주 오래된 훌륭한 예술가의 작품이라고 소개하며 그 예술가를 상기시키며 그 예술품을 전시한다면 백만 달러에 팔릴 것입니다. 반면 만일 고철 시장에 가져간다면 오백 원의 고철값만 받을 수 있을 것입니다.

이처럼 인간은 전능하시며 진리이신 분께서 만드신 하나의 골동 예술품이자 가장 섬세하고 세밀한 권능의 기적입니다. 즉 인간을 그분의 모든 이름을 비추는 대상이자 그 이름이 새겨진 자수들을 위한 수단이며 삼라만상에서 가장 축소된 견본의 형태로 창조하셨습니다.

만일 신앙의 빛이 그 인간의 안으로 들어간다면, 그 위에 있는 모든 의미 있는 자수들이 그 빛으로 읽히게 됩니다. 그 신앙자는 자각을 통해 그것들을 읽고 관계를 통해 읽게 합니다. 말하자면, "저는 영광스러운 예술가이신 분의 예술품이자 피조물입니다, 저는 그분의 자비와 은총의 대상입니다." 등과 같은 의미들을 통해 인간에게 있는 성스러우신 분의 예술이 보이게 됩니다. 다시 말해, 예술가이신 분과 관계를 맺음으로써 이루어진 신앙은 인간에게 있는 모든 예술 작품을 드러내게 합니다. 인간의 가치는 바로 그 신성하신 분의 예술이 되는 것과 Âyine-i Samedaniye[2]측면에서 평가됩니다. 그러므로 이 보잘것없는 인간은 그런 측면에서 그 모든 피조

---

[2] Âyine-i Samedaniye: 하나님께서 그 어떤 것도 필요로 하지 않으시며 모든 만물은 언제나 그분 자신을 필요로 한다는 것을 보여주는 거울
Âyine: 거울은 자신에게 나타나 비치는 것을 보여주거나 알려주는 물건이다. 빛을 반사해 보여주기 때문에 성스러우신 하나님의 이름들 역시 우리에게 보여주며, 지고하신 진리의 하나님의 속성들을 비춰주는 존재들 또한 은유적으로 "거울"이라고 말하고 있다. 사실을 있는 그대로 보여주는 장치이자 주인공을 소개하고 보여주는 작품 역시 거울이다.

물보다 먼저 하나님의 대화 상대이며, 천국에 합당한 성스러운 분의 손님이 되게 됩니다.

만일 관계가 단절됨을 의미하는 불신이 인간의 마음속으로 들어온다면, 그때는 모든 그 의미 있는 성스러운 분의 이름들이 새겨진 자수들은 암흑 속으로 떨어지며 읽을 수 없게 됩니다. 왜냐하면 예술가이신 분을 망각하면 그 예술가이신 분을 향하던 정신적 측면들도 이해할 수 없게 되며 마치 뒤집힌 것처럼 보일 것입니다. 그 의미 있는 숭고한 예술품들과 정신적인 숭고한 자수들 대부분은 감춰질 것입니다. 나머지 즉 눈으로 볼 수 있는 것들은 천박한 원인들, 자연, 우연의 일치로 돌리며 결국 꺼져갈 것입니다. 그들 각각은 빛나는 다이아몬드였지만 빛을 잃은 유리 조각이 될 것입니다. 그 중요성은 오직 동물적인 물질적인 측면에만 두게 됩니다. 물질의 목적과 열매는 (앞서 말했듯이) 짧디짧은 생애 동안 동물 중 가장 무능력하고 가장 필요로 하며 가장 슬픈 존재인 상태로, 단지 부분적인 삶을 보내는 것입니다. 그리고는 썩어 없어져 버립니다. 바로 이처럼 불신은 인간의 본성을 파괴하며 다이아몬드 상태에서 석탄으로 바꾸어 버립니다.

두 번째 요점

선앙은 마치 빛과 같아서 인간을 비추고, 그 위에 쓰인 '모든 존재가 그분을 필요로 하는 분'의 모든 글씨를 읽게 합니다. 마찬가지로 삼라만상조차 밝게 비춥니다. 또한 과거와 미래를 어두컴컴한 암흑으로부터 구합니다. 이 비밀을

اَللّٰهُ وَلِیُّ الَّذِینَ اٰمَنُوا یُخْرِجُهُمْ مِنَ الظُّلُمَاتِ اِلَی النُّورِ

"하나님께서는 믿는 자들의 보호자이시며,
그들을 어둠에서 빛으로 인도하십니다."[3]

라는 꾸란 구절의 비밀에 관해 제가 본 어떤 사건의 비교를 통해 설명하겠습니다. 그것은 다음과 같습니다.

상상 속의 사건에서 보았는데, 두 개의 높은 산이 있었으며 서로서로 마주 보고 있었습니다. 그 위에는 무시무시한 다리가 놓여 있었습니다. 다리 아래에는 무척이나 깊은 계곡이 있었습니다. 저는 그 다리 위에 있었습니다. 이 세상은 칠흑처럼 어둡고, 깜깜한 암흑으로 뒤덮여 있었습니다.

---

3) 꾸란 2장(바카라장) 257절

오른쪽을 보았습니다. 끝이 없는 암흑 가운데 거대한 무덤을 보았습니다. 아니, 그렇게 상상했습니다. 왼쪽을 보았습니다. 무서운 암흑의 파도 속에서 거대한 폭풍과 혼란과 무시무시한 재앙이 준비되고 있는 것처럼 보였습니다. 다리 아래를 보았습니다. 꽤 깊은 낭떠러지를 보는 것 같았습니다. 이 무서운 암흑에 맞서 희미한 손전등을 가지고 있었고 그것을 사용했습니다. 그 희미한 불빛으로 보니, 무척이나 무서운 상황이 제게 보였습니다. 게다가 제 앞에 있는 다리 입구와 주변에 무서운 용들과 사자들과 괴물들이 보였기 때문에 "이 손전등만 없었다면, 이 무서운 것들을 보지 않았을텐데"라고 했습니다. 그 손전등으로 어디를 비춰도 공포를 느꼈습니다. "이 손전등은 나에게 재앙이구나"라고 했습니다.

그 손전등 때문에 화가 나서 바닥에 던져 부숴버렸습니다. 그것을 깨부숴버리자 마치 이 세상을 밝히는 거대한 전등의 스위치를 킨 것처럼 갑자기 그 어두컴컴한 암흑이 걷혔습니다. 사방이 그 전등의 빛으로 가득 찼으며 모든 것의 진리를 보여주었습니다. 보아하니, 제가 보았던 그 다리는 꽤 질서 정연한 곳의 평원을 가로지르는 도로였습니다. 오른쪽에서 보았던 거대한 무덤은 온통 아름답고 푸른 정원으로, 빛나는 사람들의 지도 아래 경배와 봉사, 대화, 하나님을 찬미하는 모임 장소임을 깨달았습니다. 왼쪽의 폭풍우, 혼란이라고 생각했던 절벽과 꼭대기는 아름답게 장식된, 사랑스러우며 매력적인 산 뒤에 있는 큰 연회장, 아름다운 전시회, 높은 휴게소임을 어렴풋이 보게 되었습니다. 그리고 그 무서운 괴물들과 용들이라고 생각했던 피조물들은 유순한 낙타, 소, 양, 염소 같은 가축임을 보았습니다. "신앙의 빛을 주신 하나님께 감사드립니다."라고 하며 "하나님은 믿는 자들의 보호자이시니, 그들을 암흑에서 광명으로 인도하시니라"라는 꾸란 구절을 낭송했으며, 그 환상에서 깨어났습니다.

그 두 산은 삶의 시작과 끝, 즉 이 세상과 중간 세상입니다. 그 다리는 인생의 길입니다. 그 오른쪽은 과거이며, 왼쪽은 미래입니다. 그 손전등은 자기중심적이며, 자신이 알고 있는 것을 신뢰하고, 하늘의 계시를 귀담아듣지 않는 사람의 자아입니다. 그 괴물들이라고 생각했던 것들은 이 세상에서의 사건들과 놀라운 피조물들입니다.

따라서 자아를 신뢰하며, 등한시함의 어둠 속으로 빠지고, 타락한 길의 암흑 속에 사로잡힌 사람은 그 상상 속의 내가 처음 겪었던 상태와 닮았는데, 손전등과 같은 불완전하며 타락함으로 오염된 지식으로 과거를 자신에게 거대한 무덤의 모습으로, 존재하지 않음의 암흑 속에 있는 것으로 봅니다. 또한 그 지식은 미래를 심한 폭풍우가 몰아치고 우연히 일어나는 공포스러운 장소로 보여줍니다. 또한 각각이 '자애로우시며 지혜로우신 분'의 명령에 따르는 공무원인 사건들과 피조물들을 해로운 괴물과 같이 알게 합니다.

وَالَّذِينَ كَفَرُوا اَوْلِيَاؤُهُمُ الطَّاغُوتُ يُخْرِجُونَهُمْ مِنَ النُّورِ اِلَى الظُّلُمَاتِ ۞

"불신자들의 보호자는 악마들이니,
그들을 광명에서 끌어내어 암흑으로 인도하리라."[4]

만일 신성하신 분의 인도가 도달하고 신앙이 그의 마음에 들어가고 자아의 파라오 같은 사고방식이 깨지고 하나님의 책을 듣는다면, 그 환영에서 나의 두 번째 상태와 비슷해질 것입니다. 그때 갑자기 삼라만상은 낮의 색을 띠게 되고 신성하신 분의 빛으로 가득 차게 되며

---

4) 꾸란 2장(바카라장) 257절

اَللّٰهُ نُورُ السَّمٰوَاتِ وَاْلاَرْضِ

"하나님은 하늘과 땅의 빛이시도다."[5]

라는 꾸란 구절을 낭송합니다. 그 순간 과거는 거대한 무덤이 아니라 오히려 각 시대의 선지자나 성인의 지도하에 숭배의 의무를 이행하는 순수한 영혼들의 무리가 삶의 의무를 끝마친 후 "Allahu ekber(하나님께서 위대하시다)"라고 하며 높은 위치로 날아가는 것임을, 미래의 방향으로 옮겨가는 것임을 마음의 눈으로 보게 됩니다. 왼쪽을 보니, 산과 같은 중간 세상과 내세로의 큰 변화의 뒤에 천국의 정원에 있는 행복의 궁전에 마련된 자비로우신 분의 연회임을 신앙의 빛으로 멀리서도 알아볼 수 있게 됩니다. 또한 폭풍과 지진, 전염병 같은 사건들은 각각 명령에 따르는 공무원임을 알게 됩니다. 봄날의 폭풍과 비와 같은 일들은 겉으로는 거칠어 보이지만, 사실은 무척이나 섬세한 지혜들이 담겨 있음을 보게 됩니다. 게다가 죽음은 영원한 세상의 시작이며 무덤은 영원한 행복의 문임을 보게 됩니다. 그 밖의 더 많은 측면은 당신이 추리하고 진리를 위에 있는 비유로 적용해 보십시오.

---

5) 꾸란 24장(누르장) 35절

세 번째 요점

신앙은 빛이며 힘입니다. 그렇습니다. 진정한 신앙을 얻은 사람은 온 우주에 도전할 수 있습니다. 또한 신앙의 힘에 따라 일어나는 일들의 압박에서 벗어날 수 있습니다. "모든 것을 하나님께 의탁합니다."라고 하며 삶의 배에서 일어나는 일들의 산과 같은 파도 속에서 완전한 신뢰로 여행하게 됩니다. 모든 무거운 짐들을 '절대적인 권능을 가지신 분'의 힘의 손에 맡기고 편안하게 이 세상에서 지나 중간 세상에서 휴식을 취합니다. 그런 후 영원한 행복으로 들어가기 위해 천국으로 날아갈 수 있습니다. 그렇지 않고 하나님께 의탁하지 않는다면, 이 세상의 무거운 짐들이 그를 날아가게 하기는커녕, 오히려 가장 낮은 곳으로 끌어내릴 것입니다.

즉 신앙은 모든 것을 하나님께 돌리는 것을, 모든 것을 하나님께 돌리는 것은 그분에게 복종하는 것을, 그분에게 복종하는 것은 그분에게 의탁을, 그분께 의탁하는 것은 이 세상과 내세의 행복을 필요로 합니다. 그러나 오해하지 마십시오. 그분께 의탁하는 것이 원인들을 완전히 거부하는 것은 아닙니다. 오히려 원인은 권능의 손길의 장막으로 알고 순

응하는 것이며, 원인을 시도하는 것은 일종의 몸짓으로 하는 기도로 간주하며 그 원인에 관한 결과들을 오로지 전능하신 분으로부터 원하는 것, 결과들을 그분으로부터 아는 것, 그분께 감사하는 것뿐입니다.

하나님께 의탁하는 사람과 의탁하지 않는 사람의 예는 다음의 이야기와 비슷합니다.

옛날에 두 사람이 무거운 짐을 등에 지고 머리에 이고 큰 배에 표를 사서 승선했습니다. 한 사람은 배에 오르자마자 짐을 내려놓고 그 위에 걸터앉아 짐을 지켰습니다. 다른 사람은 어리석고 오만해서 짐을 내려놓지 않았습니다.

그에게 말했습니다. "무거운 짐을 배에 내려 두고 편하게 쉬세요."

그가 대답하길, "아니요, 내려놓지 않을거예요. 잃어버릴지도 몰라요. 나는 힘이 세니까 내 재산을 머리와 등에 짊어지고 보호할 거예요."

다시 그에게 말했습니다. "우리와 당신을 들어 올리는 이 안전한 왕의 배는 더 강하며, 더 잘 보호해 줄 것입니다. 아마도 당신은 머리가 어지러워 짐과 함께 바다에 빠질 수 있을 것입니다. 그리고 점점 더 시간이 가면 갈수록 당신은 점차 힘이 빠질 것입니다. 이 굽어진 허리, 이 바보 같은 당신의 머리로는 갈수록 더 무거워지는 짐들을 견딜 수 없을 것입니다. 선장도 만일 이런 당신의 상태를 보면, 미친놈이라고 내쫓거나, 아니면 "우리의 배를 비난하고 우리를 조롱하는 반역자이니, 그를 감옥에 가둬라."라고 명령할 것입니다. 게다가 모두에게 웃음거리가 될 것입니다. 왜냐하면 모든 것을 주의 깊게 보는 자들이 보기에는 약함을 보여주는 당신의 오만함, 무능력함을 보여주는 당신의 교만함, 비굴함과 위선을 보여주는 당신의 가식으로 당신 자신을 사람들에게 웃음거리로 만들었기 때문입니다. 모두가 당신을 보고 비웃고 있습니다."

그 말을 듣고 그 불쌍한 사람은 정신을 차렸습니다. 그는 짐을 바닥에 내려놓고 그 위에 앉았습니다. "하나님께서 당신에게 만족하시길…. 고생으로부터, 감옥으로부터, 비웃음으로부터 구출되었습니다."라고 하였습니다.

따라서 하나님께 의탁하지 않는 사람이여! 당신도 그 사람처럼 정신을 차리고, 하나님께 의탁하십시오. 그리하여 온 삼라만상의 구걸로부터, 모든 일어나는 일들 앞에서 떠는 것으로부터, 교만으로부터, 조롱으로부터, 내세에서의 고통과 현세의 압박의 감옥으로부터 벗어나십시오.

네 번째 요점

신앙은 인간을 인간답게 만듭니다. 더 나아가 인간을 왕으로 만듭니다. 그러므로 인간의 주된 의무는 신앙과 기도입니다. 불신은 인간을 매우 무능력한 괴물로 만듭니다. 이 주제에 대한 수천 가지 증거 중에서 동물과 인간이 세상에 올 때 있어서의 차이점들이 이 주제에 대한 명백하며 부정할 수 없는 강력한 증거입니다. 그렇습니다. 사람과 동물이 세상에 올 때 차이점들은 인간성은 신앙으로 성립된다는 것을 보여줍니다. 왜냐하면 동물은 세상에 올 때 마치 다른 세상에서 완성된 것처럼, 자신의 능력에 따라 완벽하게 옵니다. 아니 보내어집니다. 두 시간 안에, 혹은 이틀 만에 또는 두 달 안에 모든 삶의 규칙과 삼라만상과 관련되는 관계들 그리고 삶의 법칙들을 배우며 기술을 숙련합니다. 인간이 20년이 걸려야 습득하는 생존 능력과 행동의 숙련도를 참새와 벌과 같은 동물들은 20일 만에 배웁니다. 즉 그들에게 영감이 부여되는 것입니다.

즉 동물의 근본적인 의무는 배움으로써 완전해지는 것이 아니며, 지식을 습득함으로써 발전하는 것도 아니며, 무능력함을 보여주며 도움을 요청하고 기도하는 것도 아닙니다. 오히려 동물의 의무는 그의 능력에 따라 일하며 행동하며 몸짓으로 숭배하는 것입니다.

반면 인간은 세상에 왔을 때 모든 것을 배워야 하고 삶의 법칙들에 무지하기 때문에 20년이 지나도 삶의 규칙을 완전히 배우지 못합니다. 어쩌면 인생이 끝날 때까지 배워야 할 수도 있습니다. 매우 무능력하고 약하게 세상에 보내어져 1, 2년 후에나 겨우 일어날 수 있습니다. 15년 후에야 해로운 것과 이로운 것을 구별할 수 있으며, 인간의 삶 속에서의 도움을 통해서만 겨우 이로운 것들을 끌어당기며, 해로운 것들로부터 피할 수 있을 것입니다.

즉 인간의 타고난 의무는 배움을 통해 완성되는 것이며, 기도를 통해 숭배하는 것입니다. 즉 '누구의 자비로 내 삶이 이렇게 지혜롭게 관리 되는가? 누구의 관대함으로 내 삶이 이렇게 자비롭게 훈육되고 있는 것인가? 누구의 호의로 이렇게 섬세하게 양육되고 관리되고 있는가?'를 아는 것입니다. 또한 천 가지 중 한 가지도 스스로 확보할 수 없는 필요한 것들에 대해 '모든 필요한 것들을 공급해 주시는 분'에게 무능력함과 빈곤함의 언어로 간절히 간청하며 원하며 기도하는 것입니다. 즉 무능력함과 빈곤함의 날개로 숭배의 가장 높은 위치로 날아가는 것입니다.

그 말은 인간은 이 세상에 지식과 기도를 통해 완성되기 위해 왔음을 의미합니다. 인간의 본성과 능력의 측면에서 모든 것은 지식과 연결되어 있습니다. 그리고 모든 진정한 지식의 본질과 원천과 빛과 영혼은 '하나님을 아는 것'이며, 그것의 근본적 본질은 '하나님에 대한 믿음'입니다.

또한 인간은 끝없는 무능력함으로 인해 끝없는 재난에 노출되어 있고, 무한한 적들의 공격에 시달리며, 끝없는 빈곤함과 함께 끝없는 필요한 것들에 사로잡혀 있으며, 끝없이 원하는 것들을 필요로 하므로 타고난 본질적 의무는 신앙 다음에 기도입니다. 기도란 숭배의 본질입니다. 마치 어린 아이가 스스로 얻을 수 없는 원하는 것과 욕망을 얻기 위해서 울거나 아니면 요청하는 것처럼 몸짓으로 또는 말로, 무능력함의 언어로 기도하며 그 원하는 것을 얻게 되는 데 성공하는 것과 같습니다. 이와 마찬가지로 인간은 모든 생명체 세계에서 가장 섬세하고 민감하고 연약한 아이와 같습니다. '자애로우시고 자비로우신 분'의 앞에서 약함과 무능력함으로 울거나 빈곤함과 필요함으로 기도하는 것이 필요합니다. 그래야만 자신이 원하는 것들이 그에게 복종하거나 그렇게 된 것에 대해 감사를 드릴 수 있게 됩니다. 그렇지 않으면 파리 한 마리 때문에 소리 지르는 어리석고 장난꾸러기 같은 아이처럼 "나는 내 힘으로, 복종시킬 수 없으며 나보다 천 배는 더 강한 이상한 것들을 나에게 복종시킬 수 있어. 내가 생각 잘하고 관리를 잘하니까 자신에게 복종시킬 수 있어"라고 하며, 은총에 대해 배은망덕한 것은 인간의 타고난 본성에 어긋날 뿐만 아니라 스스로 가혹한 형벌을 받아 마땅한 것입니다.

다섯 번째 요점

신앙은 기도를 확실한 중개 수단으로써 필요로 하며 인간의 타고난 본성이 기도를 간절히 원합니다. 전능하신 창조주조차도

قُلْ مَا يَعْبَؤُا بِكُمْ رَبِّى لَوْلاَ دُعَاؤُكُمْ

"너희들이 기도하지 않는다면,
너희들이 무슨 가치가 있겠느냐?"[6]

라고 말씀하시고 또한

اُدْعُونِى اَسْتَجِبْ لَكُمْ

"나에게 기도하라, 그러면 너희들에게 답하리라."[7]

라고 명령하십니다.

그러나 만약 당신이 "수없이 기도를 하지만 받아들여지지 않습니다. 하지만, 이 꾸란 구절은 모두에게 적용되는 것이며 '모든 기도에 응답이 있다'고 표현하고 있습니다."라

---

6) 꾸란 25장(푸르칸 장) 77절
7) 꾸란 40장(가피르장) 60절

고 말한다면,

대답: 응답하는 것과 받아들이는 것은 별개입니다. 모든 기도에 응답은 있습니다. 하지만 받아들여지는 것은, 즉 원하는 것을 그대로 주는 것은 전능하신 창조주의 지혜에 달려 있습니다.

예를 들어, 아픈 아이가 의사에게 "의사 선생님, 의사 선생님!"이라고 부르면,

의사는 "그래, 무엇을 원하니?"라고 답합니다.

이에 아이가 "그 약을 나에게 주세요!"라고 원하면,

의사는 아이가 요구하는 동일한 것을 주거나 아니면 병에 더 좋고 이로운 것을 주거나 아니면 병에 해롭다는 것을 알고 아무것도 주지 않을 수도 있습니다.

이처럼 '전능하신 창조주', '절대적으로 지혜로우신 분'께서는 항상 존재하시고, 모든 것을 보고 계시기 때문에 종의 기도에 응답하십니다. 고독함과 외로움의 공포를 존재하심과 응답하심을 통해 친숙함으로 바꾸어 주십니다. 그러나

인간의 이기적이며 탐욕스러운 욕구가 원하는 대로가 아니라, 자신의 신성하신 분의 지혜에 따라 원하는 것을 주시거나, 더 좋은 것을 주시거나 아니면 아예 주지 않으십니다.

또한 기도는 한 가지의 숭배 행위입니다. 숭배의 결실은 내세에서 맺어지는 것입니다. 세속적인 목적들은 단지 그러한 기도와 경배의 시간일 뿐이며 그 목적들과 목표들을 위함이 아닙니다. 예를 들면, 비를 기원하는 예배와 기도는 한 가지 경배 행위입니다. 가뭄은 그 경배 시간인 것입니다. 그 경배와 기도가 비를 내리기 위함이 아닙니다. 만일 오로지 그 의도로 한다면, 그 기도와 그 경배가 순수하지 않으므로 받아들여질 가치가 없습니다.

일몰 시간이 저녁 예배의 시간인 것처럼, 일식과 월식은 "Küsuf 와 Husuf 예배"라고 불리는 두 가지 특별한 경배 시간인 것입니다. 즉 밤과 낮이란 빛나는 징후들을 가림으로써 신성하신 분의 웅장하심을 공표할 수 있기 때문에 전능하신 창조주께서는 그의 종들을 그 시간에 일종의 경배로 초대하시는 것입니다. 그렇지 않고 그 예배가 (언제 끝날지, 얼마나 걸릴지 천문학자의 계산으로 알려진) 일식과 월식을 끝내기 위함이 아닙니다.

마찬가지로 가뭄 또한 비를 기원하는 예배 시간인 것입니다. 또한 재난들이 덮치는 것과 해로운 것들의 괴롭힘은 몇몇 기도의 특별한 시간인데, 사람은 그런 시간에 자신의 무능력함을 깨닫고 기도와 간청으로 '절대적으로 전능하신 분'의 앞에 피난하게 됩니다. 만일 아무리 기도를 많이 해도 재난들이 없어지지 않는다고 해서 "기도가 받아들여지지 않았어"라고 말할 수 없을 것입니다. 오히려 "기도의 시간이 아직 끝나지 않았어."라고 말해야 할 것입니다. 만일 '전능하신 창조주'께서 관대하심과 호의로 재난을 없애신다면, 그것은 빛 위에 빛이니, 그때 바로 기도 시간이 끝나는 것입니다.

말하자면 기도는 숭배의 중요한 비밀인 것입니다. 숭배란 순수하게 하나님을 위하는 것이어야만 합니다. 오로지 자신의 무능력함을 보여주며 기도로 그분께 피난해야 하며, 그분의 양육하심에 간섭하지 말아야 합니다. 모든 조치를 그분께 맡겨야 하며, 그분의 지혜를 신뢰해야 하며, 그분의 자비를 비난하지 말아야 합니다.

그렇습니다. 실제로 꾸란 구절들의 명백한 설명으로 확인된 사실은 모든 피조물이 각각 각기 다른 고유한 찬미, 각기 다른 특별한 경배, 각기 다른 독특한 절을 드린다는 것입니다. 이처럼, 모든 삼라만상으로부터 성스러우신 분의 앞으로 향하는 것은 바로 기도인 것입니다.

타고난 능력의 언어로 하는 기도: 모든 식물과 동물의 기도인데, 각각 타고난 능력의 언어로 '절대적으로 풍요로우신 분'으로부터 어떤 형태를 요청하고 그분의 이름들을 보여 주기를 원합니다.

타고난 욕구의 언어로 하는 기도: 모든 생명체는 자신의 힘으로 할 수 없는 필수적인 필요한 것들을 위해 하는 기도인데, 각각은 그 타고난 욕구의 언어로 '절대적으로 관대하시고 베푸시는 분'께 삶의 유지를 위해 일종의 양식과 같은 몇몇 바라는 것들을 간구합니다.

절박한 언어로 하는 기도: 절박한 상황에 처한 모든 영혼을 가진 존재가 확실한 피난을 위해 기도하며, 알지 못하는 어떤 수호자에게 피난하며, 어쩌면 '자애로우신 주님'께로 향하는 것입니다.

이 세 가지 형태의 기도는 어떤 방해만 없다면 받아들여집니다.

네 번째 종류의 기도: 가장 잘 알려진 우리들의 기도입니다. 이것도 두 가지가 있습니다. 하나는 행동과 상태로 하는 기도이며, 다른 하나는 마음과 말로 하는 기도입니다.

예를 들면 원인을 시도하는 것은 행동의 기도입니다. 원인을 모으는 것은 결과를 생기게 하기 위해서가 아닙니다. 오히려 몸짓으로 결과를 '전능하신 창조주'로부터 원하기 위한 받아드릴 만한 상태를 갖추는 것입니다. 밭을 가는 것은 '자비로우신 분'의 보물 금고의 문을 두드리는 것입니다. 이렇게 행동으로 하는 기도는 '절대적으로 관대하시고 베푸시는 분'의 이름과 칭호를 향하는 것이기 때문에 받아들여지는 경우가 대부분입니다.

두 번째는 말로, 마음으로 하는 기도입니다. 손이 미치지 못하는 바라는 바를 원하는 것입니다. 이런 기도의 가장 중요한 측면, 가장 아름다운 목표, 가장 달콤한 열매는 다음과 같습니다. 기도를 하는 사람은 '누군가가 계십니다. 그분은 자신의 마음속에 있는 것들을 들으시고, 모든 것을 획득하실 수 있고, 모든 소망들을 이루어 주시며, 무능력함에 자비를 베푸시고, 빈곤함에 응답하십시오.'라는 것을 알고 있습니다.

무능력한 인간이여! 그리고 빈곤한 사람이여! 기도와 같은 자비로우신 분의 보물 금고의 열쇠와 마르지 않는 힘의 원천인 수단을 손에서 놓지 마십시오. 그것을 꽉 붙드십시오. 인간성의 가장 높은 곳에 올라가십시오. 왕처럼 모든 삼라만상의 기도들을 당신 자신의 기도 안에 포함시키십시오. 온 삼라만상을 대표하는 종이나 모든 것의 대리인처럼….

إِيَّاكَ نَسْتَعِينُ

"우리는 오로지 당신께만 구원을 청하나이다."[8]

라고 하며 삼라만상의 아름다운 형태가 되십시오.

---

8) 꾸란 1장 (파티하 장) 5절

제2장

인간의 행복과 불행의 원인이 되는 다섯 가지 요점

　인간은 가장 아름다운 형상으로 창조되었고, 가장 포괄적인 능력이 부여 되었기 때문에 가장 낮은 위치에서 가장 높은 위치로, 지상에서 하늘의 옥좌까지, 가장 작은 입자에서 태양에 이르기까지 배열된 위치, 단계, 등급으로 올라갈 수 있거나 아니면 가장 낮은 위치로 떨어질 수 있는 시험의 장으로 던져졌습니다. 끝없는 하락과 상승으로 가는 두 가지 길이 자신의 앞에 열려 있으며, 권능의 기적이자 창조의 결과이자 경이로운 예술 작품으로 이 세상에 보내어졌습니다. 여기서 인간의 이 놀라울 만한 상승과 하강의 비밀을 다섯 가지 요점으로 설명하겠습니다.

첫 번째 요점

　　인간은 삼라만상의 대부분을 필요로 하며 그것들과 관계되어 있습니다. 그의 필요는 세상 곳곳에 퍼져 있으며 바라는 것들은 영원함까지 뻗어있습니다. 한 송이 꽃을 원하듯이, 거대한 봄도 원합니다. 정원을 원하듯이, 영원한 천국 또한 원합니다. 친구를 보고 싶어 하듯이, '영광스럽고 아름다우신 분' 또한 보고 싶어 합니다. 다른 곳에 사는 사랑하는 사람을 방문하기 위해서 그곳의 문을 열어야 하듯이, 중간 세상으로 이주한 99퍼센트의 사랑하는 사람들을 방문하기 위해, 영원한 헤어짐으로부터 구원되기 위해 거대한 이 세상의 문을 닫게 하시고, 경이로운 최후 심판일의 집합 장소인 내세의 문을 여시고, 이 세상을 지우시며 내세를 그 대신에 설립하고 세우실 '절대적인 권능을 가지신 분'의 앞으로의 피난을 필요로 합니다.

　　그러므로 이 상황에 처한 인간에게 진정한 경배의 대상이 될 분은, 오로지 모든 것의 고삐를 쥐고 계시고, 모든 보물 금고를 가지고 계시고, 모든 것을 보시고, 모든 곳에 계시는, 공간을 초월하시고, 무능력함과는 거리가 멀고, 결점이 없으시며, 결핍으로부터 거리가 먼 '영광스러우시며 전능하신 분', '아름다우시며 자애로우신 분', '완벽하시며 지혜로우신 분' 뿐입니다. 왜냐하면 끝이 없는 인간의 필요한 것들을 충족시켜 줄 분은 오로지 끝이 없는 권능과 모든 것을 포함하는 지식을 가지신 분만이 가능하기 때문입니다. 그러므로 경배를 받을 마땅한 분은 오직 그분뿐입니다.

인간이여! 만약 당신이 오직 그분의 종이 된다면, 모든 피조물보다 더 우월한 지위를 얻게 될 것입니다. 그러나 만약 숭배로부터 회피한다면, 무능력한 피조물의 비천한 종이 될 것입니다. 만약 자만하고 당신의 능력을 믿고 하나님께 의탁하며 기도하는 것을 그만두고 거만함과 (무엇을) 주장하는 길로 빠진다면 그때는 선과 창조의 측면에서 꿀벌과 개미보다 더 낮아지고, 거미와 파리보다 더 약해질 것입니다. 반면 악과 파괴의 측면에서는 산보다 더 무겁고, 전염병보다 더 해로워질 것입니다.

그렇습니다. 인간이여! 당신에게는 두 가지 측면이 있습니다. 하나는 창조, 존재, 선, 긍정, 적극적 행위의 측면이고, 다른 하나는 파괴, 부재, 악, 부정, 수동적 행위의 측면입니다. 첫 번째 측면에서는 꿀벌과 참새보다 더 아래, 모기와 거미보다 더 연약한 존재로 전락합니다. 두 번째 측면에서는 산과 땅과 하늘을 능가합니다. 그들이 꺼려하고 무능력함을 보여준 짐을 들어 올릴 수 있으며 그들보다 더 광범위하고 광활한 영역을 차지할 수 있습니다. 왜냐하면 당신이 선과 창조를 행할 때는 당신이 차지한 영역의 범위 안에서, 손이 닿을 수 있는 한도 내에서, 당신의 힘이 미칠 수 있는 범위 내에서만 선과 창조를 행할 수 있기 때문입니다. 그러나 만일 당신이 악과 파괴를 행한다면, 그때 당신의 악행은 정도를 벗어나고, 파괴는 걷잡을 수 없이 확산될 수 있기 때문입니다.

예를 들어 불신은 악이며 파괴이며, 인정하지 않음입니다. 그러나 그 하나의 죄는 모든 삼라만상을 모욕하는 것과 모든 신성하신 분의 이름들을 얕보는 것과 모든 인류를 비하하는 것을 포함합니다. 왜냐하면 이 피조물들은 높은 지위와 중요한 임무를 지니고 있기 때문입니다. 그 이유는 그들은 주님의 편지이며, 결점이 없으신 분의 거울이며, 신성하신 분의 신하들이기 때문입니다. 그러나 불신은 그들을 거울이 되는 것, 임무 수행, 의미 부여의 지위들로부터 떨어뜨려 무의미와 우연의 장난감 수준으로 낮춰버립니다. 그리고 소멸과 이별이라는 파괴를 통해 빠르게 부패하며 변질되는 일시적인 물질들, 중요성도 없고 가치도 없고 아무것도 아닌 수준으로 떨어뜨려 버립니다. 이와 마찬가지로 모든 삼라만상과 피조물들의 거울에서 보여주는 자수들과 징후들과 아름다움들이 보이는 신성하신 분의 이름들을 부정하고 모욕합니다.

또한 모든 성스러우신 분의 성스러운 이름들의 징후들을 멋지게 공표하는 잘 구성된 지혜의 찬가이자, 영원한 나무의 기관들을 포함하는 씨앗과 같은 빛나는 권능의 기적이자, 가장 큰 위탁물의 책임을 맡음으로써 하늘과 산보다 더 높아지고 천사들에 비해 우월함을 획득한 지상의 대리인의 지위를 얻은 자를 가장 비천한 사라지는 일시적인 동물보다 더 비천하고 더 무능력하고 더 빈곤한 위치로 던져버립니다. 또한 의미 없고 뒤죽박죽이고 쉽게 부패하는 평범한 간판의 수준으로 낮춰버립니다.

결론: 사리 탐욕적인 자아는 파괴와 악의 측면에서 끝이 없는 살인을 저지를 수 있지만, 창조와 선의 측면에서는 그 힘은 극히 미미하고 부분적입니다. 그렇습니다. 집을 하루

만에 파괴할 수 있지만 백 일 만에 지을 수는 없습니다. 그러나 만일 자만심을 그만둔다면, 선과 존재함을 성스러우신 분의 도움으로 추구한다면, 악과 파괴와 자아에 복종하는 것을 포기한다면, 용서를 구하고 완전한 종이 된다면, 그때 바로

$$يُبَدِّلُ اللهُ سَيِّئَاتِهِمْ حَسَنَاتٍ$$

"하나님께서는 그들의 악을 선으로 바꾸어 주시니라."[9]

라는 꾸란 구절의 비밀의 대상이 될 것입니다. 그에게 있는 끝이 없는 악의 능력은 끝이 없는 선의 능력으로 바뀌게 될 것이며, 최상의 상태의 가치를 얻게 될 것이며 가장 높은 위치로 올라가게 될 것입니다.

등한시하는 사람이여! 전능하신 창조주의 호의와 관대하심을 보십시오. 하나의 악을 천 개로 기록하고, 하나의 선을 하나 또는 전혀 기록하지 않는 것이 원래는 공정함에도 불구하고, 하나의 악을 한 개로 기록하고, 하나의 악을 10개로, 때로는 70개로, 때로는 700개로, 때로는 7,000개로 기록하십니다. 이러한 점에서 알 수 있는 것은, 공포스러운 지옥에

---

[9] 꾸란 25장(푸르깐 장) 70절

가는 것은 행위에 대한 벌이며 공정한 것이지만, 천국에 가는 것은 관대함 그 자체라는 것입니다.

두 번째 요점

인간에게는 두 가지 측면이 있습니다. 한 가지 측면은 자기중심적인 자아 측면에서 이 현세의 삶을 바라보는 것이며, 다른 측면은 숭배의 측면에서 영원한 삶을 바라보는 것입니다.

첫 번째 측면에서 보면 인간은 완전히 불쌍한 존재인데, 자본이라고는, 선택 면에서는 머리카락만큼이나 작은 작디작은 선택권, 힘 면에서는 약하디약한 취득, 삶의 면에서는 금방 꺼지는 불꽃, 생애 면에서는 빠르게 지나가 버리는 찰나, 존재 면에서는 빨리 썩어버리는 작은 몸뚱아리만을 가지고 있습니다. 그런 상태로 삼라만상의 각 층에 퍼져있는 수많은 종의 헤아릴 수 없는 개체들 가운데 연약하고, 나약한 개체로 존재하고 있습니다.

두 번째 측면에서, 특히 숭배에서의 무능력함과 빈곤함의 측면에서 보면, 매우 광대한 범위와 아주 큰 중요성을 가지고 있습니다. 왜냐하면 지혜로우신 창조주께서는 인간의 정신적인 본질에 끝없이 큰 무기력함과 한없이 큰 빈곤함을 심어놓으셨기 때문입니다. 그래서 권능이 끝이 없으신 자애로우신 전능하신 분, 부유함이 끝이 없이 관대하신 부유하신 분을 무한하게 비추는 광대한 거울이 될 수 있게 하였습니다.

그렇습니다. 인간은 씨앗과 같습니다. 그 씨앗에 그분의 권능으로부터 정신적이고 중요한 기관들을, 정명으로부터 섬세하며 가치가 있는 프로그램을 부여하였습니다. 그래서 땅 밑에서 일을 하고 그 좁은 세계에서 나와 넓은 공중의 세계로 들어가 창조주에게 능력의 언어로 나무가 되는 것을 요청하며, 자신에게 맞는 완벽함을 찾을 수 있게 하였습니다.

만일 그 씨앗이 자신에 있는 나쁜 기질로 인해 그에게 부여된 정신적인 기관들을 땅 밑에서 몇몇 해로운 물질들을 흡수하는 데 쓴다면, 그 좁은 곳에서, 짧은 시간에, 아무 효용도 없이 망가져 썩어 버릴 것입니다.

만일 그 씨앗이 그 정신적인 기관들을

فَالِقُ الْحَبِّ وَالنَّوٰى

"진실로 하나님은 씨앗을 피우고,
열매를 맺게 하시는 분이시니"[10]

의 창조에 관한 명령들을 실천하고 잘 사용한다면, 그 좁은 세계로부터 나와 과실나무가 됨으로써 작디작은 부분적인 진리와 정신적인 영혼이 거대한 종합적인 진리의 형태를 띠게 될 것입니다.

이와 마찬가지로 인간의 본성에는 그분의 권능으로부터 중요한 기관들과 정명으로부터 가치 있는 프로그램들이 맡겨져 있습니다. 만일 인간이 이 좁은 세상에서, 현세의 삶의 땅 아래 그 정신적인 기관들을 자아의 욕구에 따라 소비한다면, 상한 씨앗과 같이 그 작디작은 쾌락을 위해, 짧디짧은 생애에서, 좁디좁은 장소에서, 고통스러운 상황에서 썩어서 부패해, 정신적인 책임을 불행한 영혼에 짊어진 채, 이 현세에서 떠나게 될 것입니다.

만일 그 능력의 씨앗을 이슬람의 물과 신앙의 빛으로, 숭배의 땅 아래에서 훈육하면서 꾸란의 명령에 따르며 정신

---

10) 꾸란 6장(안암장) 95절

적인 기관들을 진정한 목표들을 위해 향하게 한다면, 당연히 영상들의 세계(Âlem-i misal)와 중간 세상에서 가지와 싹을 낼 것이며 내세와 천국에서 무한한 완벽함과 은총의 원인이 될 영원한 나무와 영원한 진리의 기관들이 가치 있는 씨앗, 빛나는 기계, 이 삼라만상 나무의 축복받고 빛나는 과일이 될 것입니다.

그렇습니다. 진정한 발전이란 인간에게 부여된 마음, 비밀(Sır), 영혼, 이성 더 나아가 상상 그리고 다른 감정들을 영원한 삶으로 향하게 하면서 각각을 자신에게 맞는 특별한 숭배의 의무로 바쁘게 지내는 것을 의미합니다. 그렇지 않고 타락한 길에 빠진 사람들의 발전이라고 생각하는 현세의 삶에 있어서의 세세한 모든 것들에 들어가며 모든 종류의 쾌락들, 심지어 가장 천박한 것까지 탐닉하기 위해 모든 섬세한 감정들, 마음, 이성을 자신의 사리 탐욕적인 자아에 복종시키고 그것을 돕게 만든다면 그것은 발전이 아니라 쇠퇴입니다.

이 진리를 상상 속의 사건에서 다음과 같은 비유를 통해 보았습니다.

저는 큰 도시에 들어갔습니다. 보아하니 그 도시에는 큰 궁전들이 있었습니다. 몇몇 궁전들의 문을 보니, 무척이나 화려하고 밝은 극장과 같이 사람들의 이목을 끌고 있었습니다. 모두를 즐겁게 하는 매력이 있었습니다. 자세히 보니, 그 궁전의 주인은 문 앞에서 개와 놀고 있었고, 노는 것을 도와주고 있었습니다. 부인들은 낯선 젊은이들과 달콤한 대화를 나누고 있었습니다. 젊은 여자들 또한 아이들의 놀이를 관리하고 있었습니다. 문지기 또한 그들에게 사령관이 된 것처럼 배우 같은 태도를 취하고 있었습니다. 그때 알게 됐는데, 그 거대한 궁전의 안은 텅텅 비어 있었고, 섬세한 의무들은 내팽개쳐 있었으며, 도덕은 타락했으므로 문 앞에서 이러한 모습을 취하고 있었습니다.

그런 다음 다른 큰 궁전을 우연히 지나게 됐습니다. 보아하니, 문 앞에 누워있는 충실한 개 한 마리와 근엄하고 무뚝뚝하고 침착한 문지기가 있었고, 조용한 분위기가 있었습니다. 그곳은 왜 저렇고, 이곳은 왜 이런지 궁금했습니다. 안으로 들어가서 보아하니, 내부는 무척이나 활기차 있었습니다. 층마다, 궁전 사람들은 각각의 세세한 의무들로 바쁘게 지내고 있었습니다. 첫 번째 층에 있는 사람들은 궁전의 관리와 운영의 업무를 보고 있었습니다. 그 위층에 있는 소녀들과 아이들은 공부를 하고 있었습니다. 그 위층에 있는 부인들은 매우 섬세한 예술 작품들과 아픔다운 자수를 놓는 일로 바쁘게 지내고 있었습니다. 가장 위층에 있는 군주는 왕과 소식을 주고받으며 백성들의 평온과 자신의 완벽함과 발전을 위해서 자신의 특별하고 숭고한 의무들로 바쁘게 지내고 있는 것을 보았습니다. 그들에게 저는 보이지 않았고, 제게 "출입 금지입니다."라고 하지 않았기 때문에 돌아다닐 수 있었습니다.

그런 후 밖으로 나와서 둘러보니, 그 도시의 모든 곳에서 이 두 가지 종류의 궁전이 있었습니다. 저는 물어보았습니다.

그들은 "그 문 앞은 활기찬데 안은 텅 빈 궁전들은 불신자들의 지도자들과 올바른 길에서 벗어난 자들의 것입니다. 다른 궁전은 명예로운 무슬림 지도자들의 것입니다."라고 하였습니다.

그런 후 한 모퉁이에 어떤 궁전을 마주쳤습니다. 그 위에 "사이드"라는 이름을 보았습니다. 궁금했습니다. 그래서 더 자세히 살펴보니, 제 모습이 있는 것 같았습니다. 저는 깜짝 놀라 소리를 질렀고, 정신을 차리고 그 상상적인 사건에서 깨어났습니다.

이 상상 속의 사건을 당신에게 풀이해 드리겠습니다. 하나님께서 선한 일이 일어나게 하시기를 바랍니다.

그 도시는 인간의 사회생활이자 인간 문명의 도시입니다. 그 궁전들 각각은 인간입니다. 그 궁전 사람들은 눈, 귀, 마음, 비밀(Sır), 영혼, 이성과 같은 기능과 자아, 욕구, 성욕과 분노와 같은 기능들입니다. 모든 인간에게는 각각의 기능의 각기 다른 숭배의 의무가 있습니다. 또한 각기 다른 쾌락과 고통이 있습니다. 자아, 욕구, 성욕과 분노는 문지기와 개와 같습니다. 그러므로 그 높은 기능들을 자아와 욕구에 복종시키고 근본적인 의무를 잊게 하는 것은 당연히 쇠퇴이며 발전이 아닐 것입니다. 나머지 관점들은 당신이 적용할 수 있을 것입니다.

세 번째 요점

인간은 활동과 일의 측면에서, 물질적인 노력의 관점에서 약한 동물이며, 무능력한 피조물입니다. 그런 측면에서 이용과 소유의 범위는 너무 좁아서, 손을 뻗으면 닿을 수 있을 정도입니다. 심지어 인간의 손에 고삐를 맡긴 가축들조차 인간의 약함과 무능력함과 게으름의 몫을 나누어 갖고 있어, 야생 동물과 비교하면 큰 차이를 보입니다. (사람이 키우는 가축인 염소와 황소, 야생의 염소와 황소처럼)

반면 그 인간이 수동성, 수용, 기도, 간청함의 측면에서는 이 세상이라는 숙소에서의 가장 명예로운 여행자입니다. 그리고, 무한한 자비의 보물 금고들을 그에게 열어주신, 무수히 많은 아름다운 예술 작품들과 서비스를 하는 자들을 인간에게 복종시킨 관대하신 분의 손님입니다. 그리고 그 손님들의 여행과 관광과 혜택을 누리게 하기 위해서 완전히 거대한 공간을 열어 준비해 두셨는데, 그 공간의 반경은 (중심에서 외곽 선 까지) 눈으로 볼 수 있을 만큼, 심지어 상상이 미치는 곳까지 넓고도 깁니다.

만일 인간이 자기중심적인 자아를 신뢰하고 현세의 삶을

이상적 목표로 삼고 생계를 위한 고군 분투 속에서 일시적인 몇몇 쾌락을 위해 노력한다면, 극도로 좁은 범위 안에서 질식해 사라질 것입니다. 그에게 주어진 모든 기관, 도구, 기능은 그에 대해 불만하며, 부활할 때 그에게 불리한 증언을 할 것이며 그를 상대로 소송을 제기할 것입니다.

반면 만일 자신이 손님인지 알고, 손님으로써 관대하신 분의 허락 범위에서 생애의 자본을 소비한다면, 너무나도 넓은 범위 안에서 긴 영원한 삶을 위해 잘 행동하고, 휴식을 취하며 편안함을 취하게 될 것입니다. 그런 후 높은 위치 중의 가장 높은 위치까지 올라가게 될 것입니다. 또한 사람에게 주어진 모든 기관과 도구는 그들로부터 만족하며 내세에서 그의 편에 서서 증언할 것입니다.

그렇습니다. 인간에게 주어진 모든 놀라울 만한 기관들은 이 하찮은 현세의 삶을 위한 것이 아니라, 아주 중요한 영원한 삶을 위해 주어진 것입니다. 왜냐하면 인간을 동물과 비교해 보면, 인간은 기관들과 도구들 측면에서 매우 부유하고, 동물보다 100배는 더 풍부하다는 것을 알 수 있습니다. 현세의 삶의 쾌락들과 동물적인 삶에서는 오히려 100배나 더 낮아집니다. 왜냐하면 그가 즐긴 쾌락 안에는 수천 가지의 고통의 흔적이 있기 때문입니다. 과거의 고통, 미래에 대한 두려움, 모든 쾌락의 소멸의 고통은 그 쾌락이 주는 즐거움을 망치고 그 쾌락에 흔적을 남깁니다. 반면 동물들은 그렇지 않습니다. 고통이 없는 쾌락을 느끼며, 슬픔 없는 즐거움을 느낍니다. 과거의 고통이 그를 괴롭히지도 않고, 미래에 대한 두려움들이 그를 괴롭히지도 않습니다. 편안하게 살며, 창조주께 감사드립니다.

그러므로 가장 아름다운 형상으로 창조된 인간이 만약 현세의 삶만 생각한다면, 자본 면에서 동물보다 백 배나 더 높음에도 불구하고, 마치 참새와 같은 동물보다 백 배나 더 낮아집니다. 다른 곳에서 비유적인 이야기로 이 진리를 설명했습니다. 이것과 관련이 있으므로 여기서 반복하겠습니다. 그것은 다음과 같습니다.

어떤 사람이 한 하인에게 금화 열 냥을 주면서 "특별한 옷감으로 옷 한 벌을 맞추어라"라고 명령을 하였고, 다른 하인에게는 금화 천 냥을 주며, 그의 주머니에 몇 가지를 적은 쪽지를 넣고 시장으로 보냈습니다. 첫 번째 하인은 금화 열 냥으로 최고급 천을 사서 아주 멋진 옷을 맞추었습니다. 두 번째 하인은 어리석게도, 첫 번째 하인을 보고 자신의 주머니에 있는 쪽지를 읽지도 않은 채, 가게 주인에게 금와 천 냥을 주면서 옷 한 벌을 달라고 하였습니다. 양심이 없는 가게 주인도 가장 질이 낮은 천으로 된 옷 한 벌을 주었습니다. 그 불행한 하인은 주인 앞에 와서 심한 질책과 끔찍한 형벌을 받았습니다.

여기서 가장 이해력이 부족한 사람조차 이해할 수 있듯이, 두 번째 하인에게 주어진 천 냥의 금화는 한 벌의 옷을 사기 위한 것이 아니라 중요한 거래를 위한 것입니다.

마찬가지로 인간에게 있는 정신적인 기관들과 기능들은 그 각각이 동물에 비해 백 배 더 확장되어 있습니다. 예를 들어, 아름다움의 모든 정도를 구별할 수 있는 인간의 눈, 모든 음식의 종류별로 그 특별한 맛을 구별할 수 있는 미각, 진리의 모든 세세한 부분까지 이해하는 인간의 이성, 모든 종류의 완벽함을 갈망하는 인간의 마음과 같은 기관들, 도구들과 동물의 매우 단순하고 단지 한두 단계만 발달한 도구들의 차이점이 얼마나 큰지 생각해 보십시오. 다만 한 가지 차이가 있습니다. 동물은 자기만의 어떤 고유한 행동이 (오직 그 동물에게만 있는 특별한 기관이) 더 발달합니다. 그러나 그 발달도 그 동물에게만 국한된 것입니다.

인간이 기관들 측면에서의 풍부함은 다음과 같은 신비 때문입니다. 이성과 생각으로 인해 인간의 감성들과 감정들은 더욱 발달하고 확장되었습니다. 또한 필요한 것들이 많음으로 인해 수많은 다양한 감정이 생겨났으며 감수성도 다양해졌습니다. 또한 본성의 포괄성으로 인해 수많은 목적을 향한 욕망도 나타났습니다. 또한 수많은 본성적인 의무들로 인해 도구들과 기관들이 더욱더 확장되었습니다. 그리고 모든 종류의 경배를 할 수 있는 본성으로 창조되었기 때문에 모든 완벽함의 씨앗을 품고 있는 포괄적인 능력도 주어졌습니다.

그러므로 이토록 풍부한 기관들과 자본은 결코 중요치 않고, 일시적인 이 현세의 삶을 획득하기 위해 부여되지 않았을 것입니다. 오히려 인간의 근본적인 의무는 다음과 같습니다.

- 무한한 목적을 향한 자신의 의무를 수행하고 무능력함과 빈곤함과 결점을 숭배로 공표하는 것,
- 종합적인 시선으로 존재하는 것들이 하나님을 찬미하는 것을 목격하고 증언하는 것,
- 은총들 안에서 자비로우신 분의 도움을 보고 감사하는 것,

- 예술 작품들에 있는 신성하신 분의 권능의 기적들을 구경하고 교훈의 시선으로 사색하는 것입니다.

세상을 숭배하고 현세의 삶을 사랑하며 인간이 가장 최상의 상태로 창조된 비밀에 대해 전혀 무관심한 인간이여! 이 현세의 삶의 진리를 상상 속의 사건에서 '과거의 사이드'가 보았습니다. '과거의 사이드'를 '새로운 사이드'로 변화시킨 다음과 같은 비유적인 사건을 들어보십시오.

보아하니 저는 여행자입니다. 긴 여정을 가고 있었습니다. 정확히 말하면 그 여정으로 보내지고 있었습니다. 제 주인인 분은 나에게 금화 60냥이 할당되었고, 그것을 조금씩 주었습니다. 저는 그 돈을 소비하며 무척 재미있는 숙소에 도착하였습니다. 그 숙소에서 하룻밤 만에 금화 10냥을 도박, 유흥, 명예욕을 위해 써버렸습니다. 아침이 되어보니 제 수중에는 한 푼도 남지 않았습니다. 그 어떤 장사도 하지 못했으며, 앞으로 갈 곳을 위해 필요한 어떤 물건도 사지 못했습니다. 오직 그 돈으로부터 제게 남은 것은 고통들, 죄들, 유흥들이 남긴 상처들, 흉터들, 슬픔들만이 제 손에 남아있었습니다.

갑자기 그 슬픈 상황에 있을 때, 그곳에서 어떤 남자가 나타났습니다. 제게 말하길,

"모든 자본을 탕진했으니 벌을 받아 마땅하군. 자네가 갈 곳에도 파산한 채, 빈 손으로 가게 되겠군. 그러나 이성이 있다면 회개의 문은 열려 있다네. 지금부터 자네에게 주어질 남은 금화 15냥 중 (돈을 받을 때마다) 그중 절반을 만약을 대비해 보관하게. 다시 말해 자네가 갈 곳에서 자네에게 필요할 몇 가지 물건들을 사게."

저를 보니, 제 자신은 그것에 동의하지 않았습니다. 그래서 그는 "그럼 3분의 1"이라고 말했습니다.

내 자신은 그것에도 순종하지 않았습니다. 그런 후 그 남자는 "4분의 1"이라고 말했습니다.

저를 보니 제 자신은 중독된 습관을 포기할 수 없었습니다. 그 사람은 완전히 화를 내며 등을 돌려 떠났습니다.

갑자기 그 장면이 바뀌었습니다. 보아하니 저는 터널 안에서 수직으로 내려가는 것처럼 빠르게 달리고 있는 기차 안에 있었습니다. 저는 공포에 떨었습니다. 하지만 그곳을 벗

어날 그 어떤 방법도 없었습니다. 이상하게도 그 기차 양옆에는 무척이나 매력적인 꽃들과 맛있는 과일들이 보였습니다. 저는 이성이 없는 경험이 없는 사람들처럼 그들을 보고 손을 뻗어 그 꽃들을 꺾고 그 과일들을 따려고 했습니다. 하지만 그 꽃들과 과일들은 온통 가시가 있어 손을 대자 제 손에 박혀 피가 났습니다. 기차가 움직이면서 손을 떼자, 제 손을 갈기갈기 찢었으며 저는 무척이나 비싼 대가를 치렀습니다. 갑자기 기차의 역무원이 말하길,

"5푼만 주면 당신이 원하는 만큼 그 꽃과 과일들을 주겠네. 그 5푼 대신에 당신의 손은 갈기갈기 찢어져 100푼 어치의 해를 입었군. 게다가 벌금도 있으니 허락 없이 꺾을 수 없다네."

갑자기 저는 괴로움에 언제 이 터널이 끝나나 하고 얼굴을 내밀어 앞을 바라보았습니다. 보아하니 터널 문 대신에 수많은 구멍을 보았습니다. 그 긴 기차에서 사람들이 그 구멍들로 던져지고 있었습니다. 제 맞은편에 구멍 하나를 보았습니다. 그 양쪽에는 두 개의 묘비가 세워져 있었습니다. 궁금해서 주의 깊게 보니 그 묘비에 큰 글자로 "사이드"라는 이름이 쓰여 있는 것을 보았습니다. 저는 당황하고 놀라서 외쳤

습니다. "아!" 그때 갑자기 그 숙소의 문에서 나에게 조언을 해 주었던 사람의 목소리가 들렸습니다.

그가 말하길, "이제 정신을 차렸는가?"

저는 "네. 정신을 차렸습니다. 하지만 힘이 하나도 남지 않았고, 방법도 없습니다."라고 했습니다.

그는 "회개하고, 하나님께 의탁하게"라고 말했습니다.

저는 "하였습니다."라고 했습니다.

저는 깨어났습니다. '과거의 사이드'는 사라지고, '새로운 사이드'로서의 제 자신을 보았습니다.

이처럼 이 상상 속의 사건을 한두 부분만 해석하겠습니다. 하나님께서 좋은 일로 이루어지게 하시기를. 다른 부분은 여러분이 직접 해석하시기를 바랍니다.

그 여행은 영혼의 세계로부터 어머니의 자궁, 청년기, 노년기, 무덤, 중간 세계, 부활, 스라트(Sırat) 다리[11]를 거쳐

---

11) 스라트(Sırat): 천국으로 가기 위하여 누구나 통과해야 하는 지옥 위에 있는 다리

영원한 거주지로 가는 여정입니다. 그 금화 60냥은 60년 인생입니다. 그 사건에서 보았던 저는 45살 정도로 추측합니다. 그때까지 살겠다는 보장은 없지만 남은 15개 중 절반을 내세를 위해 쓰도록 지혜로운 꾸란의 한 성실한 제자가 올바른 길로 안내했습니다. 그 숙소는 나에게는 이스탄불이었습니다. 그 기차는 시간인데, 매 1년은 열차의 한 칸입니다. 그 터널은 현세의 삶입니다. 그 가시 있는 꽃과 과일들은 종교적으로 허락되지 않은 쾌락들과 종교적으로 금지된 유흥들인데, 접하는 동안 그것이 끝나게 될 것이라는 고통이 마음에 피를 흘리게 하고, 헤어질 때는 마음을 찢어지게 할 뿐만 아니라 형벌까지 받게 합니다.

기차 역무원이 말한 "5푼만 주게, 원하는 만큼 그 꽃과 과일들을 주겠네."의 의미는 다음과 같습니다. 인간이 할랄(합법적인) 일을 통해, 종교적으로 허락된 범주 안에서 즐기는 쾌락, 즐거움들은 충분하니, 하람(종교적으로 불법인 일)에 들어갈 필요가 없다는 것입니다.

다른 부분들은 여러분이 해석할 수 있을 것입니다.

네 번째 요점

인간은 이 삼라만상에서 매우 연약하고 섬세한 아이와 같습니다. 그의 약함 속에 큰 힘이 있으며, 그의 무능력함 속에 큰 권능이 있습니다. 왜냐하면 그 약함의 힘과 무능력함의 권능으로 인해 피조물들이 그에게 복종하기 때문입니다. 만일 인간이 자신의 약함을 파악하고, 말과 몸짓과 행동으로 기도하며 자신의 무능력함을 알고 도움을 구한다면, 피조물들이 그에게 복종하는 것에 대해 감사를 드리게 됩니다. 또한 자신의 능력으로는 100분의 1도 성취할 수 없는 목표들이 자신에게 복종하게 됩니다. 다만 때로는 몸짓으로 하는 기도를 통해 이루어진 원하는 것을 잘못 생각하여 자신의 힘으로 돌립니다. 예를 들어, 병아리의 약함 안에 있는 힘은 어미 닭이 사자를 공격하게 합니다. 갓 태어난 새끼 사자는 포악하고 굶주린 어미 사자를 자신에게 복종하게 하여 어미는 굶고, 새끼 사자는 배불리 먹게 합니다. 따라서 약함 안에 있는 힘과 놀라울 만한 자비로우신 분을 비추는 것은 주목할 만합니다.

마치 연약한 아이가 울음으로써 또는 졸라대거나 슬프게 보임으로써 원하는 것을 얻게 되는 것처럼, 자신의 힘으로는 자신이 원하는 것들의 1,000분의 1도 얻지 못할 것을 오히려 자기 약함과 무능력함을 통해 완전히 강한 사람들을 자기 뜻대로 움직이게 합니다. 즉 약함과 무능함이 그에 대한 연민과 보호를 불러일으키기 때문에 그 작디작은 손가락으로 영웅들을 자신에게 복종하게 합니다. 이런 아이가 바보 같은 자만심으로 그 연민을 부정하고, 그 보호를 비난하는 태도로 "나의 힘으로 그들을 복종시킨거야"라고 한다면 당연히 뺨을 맞게 될 것입니다. 마찬가지로 인간 또한 창조주의 자비를 부정하고, 지혜를 비난하는 형태로, 주어진 은총에 감사하지 않는 배은망덕한 태도로 까룬[12]과 같이

$$\text{اِنَّمَا أُو تِيتُهُ عَلَى عِلْمٍ}$$

"나의 지혜와, 나의 힘으로 얻었다."[13]

라고 한다면, 당연히 형벌의 뺨을 맞을 만합니다.

그러므로, 지금 우리가 목격하는 인류의 통치권과 인류의 발전과 문명의 완성은 인간의 쟁취를 통해서도, 정복을 통해서도 투쟁을 통해서도 얻어진 것이 아닙니다. 오히려 인간의

---

12) 까룬: 사도 모세와 아론시대에 살았던 부자로 알려진 하나님의 명령에 불순종한 죄로 벌을 받은 인물이다.
13) 꾸란 25장(까싸스 장) 78절

약함 때문에 만물이 그에게 복종하도록 하였으며, 인간의 무능력함 때문에 도움을 주게 되었으며, 인간의 빈곤함 때문에 호의를 베풀게 되었으며, 인간의 무지함 때문에 영감이 부여되었으며, 인간이 필요 때문에 베풀어진 것입니다. 또한 그 통치의 원인은 힘과 지식의 힘이 아니라 오히려 주님의 연민과 동정, 신성하신 분의 자비와 지혜이기 때문에 모든 것을 그에게 복종시킨 것입니다. 그렇습니다. 눈이 없는 전갈과 발이 없는 뱀처럼 해로운 동물들에게 패배하는 인간에게 작디작은 벌레로부터 비단을 입혀주고, 독이 있는 벌레로부터 꿀을 먹여주는 것은 인간의 능력이 아니라 오히려 인간의 약함의 열매인 신성한 복종시킴과 자비로운 배려입니다.

인간이여! 진리가 이렇다면, 오만함과 자만심을 버리십시오. 신성하신 분의 앞에서 무능력함과 약함을 간청의 언어로, 빈곤함과 필요로 하는 것을 간구함과 기도의 언어로 공표하고 종임을 보여주십시오. 그리고

$$\text{حَسْبُنَا اللهُ وَنِعْمَ الْوَكِيلُ}$$

"하나님께서 우리에게 충분합니다.
그분은 얼마나 훌륭한 대리인이십니까!"[14]

---

14) 꾸란 3장(이므란 장) 173절

라고 말하며 높아지십시오.

또한 이렇게 말하지 마십시오. "나는 아무것도 아닌데, 내가 무슨 가치가 있기에, 절대적으로 지혜로우신 분이 이 삼라만상을 나에게 복종시키며 또한 나로부터 종합적인 감사를 원하십니까?"

왜냐하면 당신은 자신의 본성과 외형적인 측면에서는 아무것도 아니지만, 의무와 지위의 관점에서 보면, 당신은 이 장엄한 삼라만상의 주의 깊은 관찰자요, 이 지혜가 있는 존재들의 유창하게 말하는 언어요, 이 세상의 책의 이해력 깊은 연구자요, 이 하나님을 찬미하는 피조물들의 경이로운 관찰자요, 이 경배하는 예술 작품들의 존경스러운 장인이기 때문입니다.

그렇습니다. 인간이여! 당신은 식물적인 물질적 측면, 동물적인 자아 관점에서 보면, 아주 작은 부분, 하찮은 개체, 빈곤한 피조물, 약한 동물입니다. 그러므로 왔다가 사라지는 모든 공포스러운 존재들의 파도 속에서 휩쓸리며 살아가고 있습니다. 그러나 당신은 신성하신 분에 대한 사랑의 빛을 담은 신앙의 빛으로 밝혀지고, 이슬람의 훈육으로 완성되어, 인간성의 측면에서는 종이 됨과 동시에 왕이며, 작은 부분 속의 전체이며, 작음 속 하나의 세계입니다. 그리고 하찮음 속에 완전히 높은 지위와 광범위한 영역을 감독하는 감독관과 같습니다. 그러므로 다음과 같이 말할 수 있습니다.

"나의 자애로우신 주님은 이 세상을 나에게 집으로 만들어 주셨고, 달과 태양을 그 집의 등불로, 봄을 한 다발의 꽃으로, 여름을 은총의 식탁으로, 동물을 나에게 봉사하는 존재로 만드시고 식물들을 그 집의 장식품들로 만드셨습니다.

결론: 당신이 만일 자신의 욕구와 사탄의 말을 듣는다면, 낮은 위치의 가장 낮은 위치로 추락할 것입니다. 만일 올바른 것과 꾸란을 따른다면, 높은 위치의 가장 높은 위치에 올라가 삼라만상의 가장 아름다운 형상이 될 것입니다.

다섯 번째 요점

　인간은 이 세상에 공무원이자 손님으로 보내졌으며, 매우 중요한 능력이 부여되었습니다. 그리고 그 능력에 따라 중요한 임무들이 맡겨졌습니다. 인간이 그 목표와 그 임무들을 수행하도록, 하나님께서는 강력한 격려와 두려운 경고를 함께 주셨습니다. 다른 책에서 설명했었던 인간의 의무와 숭배의 원칙들을 여기서 요약하여 언급하려 합니다. 이는 "인간은 가장 아름다운 상태로 창조됨"의 깊은 비밀이 이해할 수 있도록 하기 위함입니다.

　인간은 이 삼라만상에 온 후, 두 가지 방식의 숭배를 합니다. 하나는 보이지 않는 분께 향하는 숭배 즉 사색하는 것이며 다른 하나는 마치 그분이 앞에 있는 것처럼, 직접 대화하듯이 하는 숭배 즉 간청하는 것입니다. [15]

---

15) 이 부분의 원문은 매우 어렵기 때문에 번역이 불완전할 수 있습니다. 독자 여러분의 양해를 부탁드립니다.

첫 번째 측면: 삼라만상에서 보이는 주님의 통치를 순종적으로 인정하고 그 완벽하심과 아름다움을 경이롭게 관찰하는 것입니다.

그런 다음, '신성하신 분'의 신성한 이름들의 자수들로 구성된 전례 없는 예술품들을 서로에게 교훈이 되도록 보여주며 알리는 것과 공표하는 일을 하는 것입니다.

그런 다음, 각각이 숨겨진 정신적인 보물 금고와도 같은 신성하신 분의 이름들의 광석들을 지각의 저울로 측정하고, 마음의 가치 평가를 통해 그 가치와 중요성을 인정하면서 감사하는 것입니다.

그런 다음, 권능의 펜의 편지와 다름없는 존재하는 것들의 페이지들, 땅과 하늘의 페이지들을 연구하고 경이로이 사색하는 것입니다.

그런 다음, 이 존재들의 장식들과 섬세한 예술 작품들을 감탄하며 바라봄으로써, 그들의 '아름다움을 가지신 창조주'에 대해 아는 것을 사랑하는 것 그리고 그들의 '완벽함을 가지신 예술가'의 앞에 나아가 그분의 총애를 받기를 간절하게 바라는 것입니다.

두 번째 측면: 그분의 앞에서 대화하는 단계이며 작품에서 작품을 만드는 자로 옮겨가는 것입니다.

한 '영광스러우신 예술가'께서 예술의 기적들을 통해서 자신을 소개하고 알리기를 원하는 것을 봅니다. 이에 그는 신앙을 통해, 그분에 대한 지식을 통해 응답하게 됩니다.

또한 한 '자애로우신 주님'이 자비의 아름다운 열매들을 통해서 자신을 사랑받게 하는 것이 보입니다. 이에 그 또한 오로지 그분만을 사랑하며 오로지 그분만을 경배함으로 자신을 그분에게 사랑하게 만듭니다.

또한 한 '은총을 부여하시는 관대하신 분'이 그를 물질적, 비물질적 은총들의 즐거움들로 양육하심을 봅니다. 그 또한 이에 대한 답례로 행동과 상태와 말로 심지어 할 수 있으면 최선을 다해 모든 감정으로, 기관들로 그분께 감사와 찬양을 드립니다.

또한 한 '아름다우신 영광스러우신 분'이 이 존재하는 것들의 거울들에서 자신의 위대함, 완벽함, 영광스러움, 아름다움을 보여주며, 주의 깊게 보는 이들의 시선을 끌고 계심을 봅니다. 그 또한 이에 부응해 "알라후 아크바르 (하나님께서 가장 위대하시다), 수브하날라(그분께서는 모든 결점으로부터 순수하시다)" 라고 하며, 겸손하게 경이로움과 사랑하는 마음으로 그분께 엎드려 부복합니다.

또한 한 '절대적으로 부유하신 분'이 끝이 없는 관대하심 속에서 무한한 부와 보물 금고들을 보여주심을 봅니다. 그 또한 이에 대한 답례로 존경과 찬미하며 완전한 간절함으로 필요한 것을 원합니다.

또한 한 '영광스러우신 창조주'께서 지상을 하나의 전시회같이 만드시고 모든 앤틱 예술품들을 그곳에 전시하심을 봅니다. 그 또한 이에 부응해 "마샬라(하나님의 뜻이 얼마나 놀라운가!)" 라고 하며 그 가치를 알고, "바레칼라(하나님께서 얼마나 많은 축복을 주셨습니까!)" 라고 하며 맘에 들어하며 칭송하고, "수브하날라(그분께서는 모든 결점으로부터 순수하시다!)" 라고 하며 경이로움을 느끼고, "알라후 아크바르(하나님께서 가장 위대하시다)" 라고 하며 감탄함으로 응답하는 것입니다.

또한 한 분이신 유일하신 분이 이 삼라만상의 성에서 모방할 수 없는 직인들로, 그분만의 특별한 인장들로, 그분만의 특별한 서명으로, 그분만의 특별한 칙령으로, 모든 존재들에게 통일성의 도장을 찍으시며 유일성의 증거들을 새기시고, 세상의 모든 곳에 유일하심의 깃발을 꽂으시고, 자신의 지배성을 공고하심을 봅니다. 그 또한 이에 대해 인정과 신앙으로, 모든 것을 그분에게 돌림과 상황을 빨리 파악함으로, 증언함과 숭배로 답례합니다.

이처럼 이러한 다양한 경배와 사색을 통해 진정한 인간이 되며, 가장 최상의 형태로 창조되었음을 보여주며 신앙의 축복으로 맡길 자격이 있으며 신뢰할 만한 지상의 대리인이 되는 것입니다.

가장 최상의 형태로 창조되었음에도 불구하고 자신의 잘못된 선택으로 낮은 위치에서 가장 낮은 위치로 떨어지는 등한시하는 사람아! 나의 말을 들으십시오.

나 또한 당신처럼 젊음의 취한 상태와 등한시함 가운데 이 현세를 달콤하고 좋게 보았지만 젊음의 취기에서 깨어나 노년의 아침을 맞이한 순간, 그 아름답다고 여겼던 내세로 향하지 않는 현세의 얼굴이 얼마나 추하게 보였는지, 내세를 바라보는 진정한 얼굴이 얼마나 아름다운지를, 리살레이누르 전집 열일곱 번째 말씀, 두 번째 장에 있는 '두 진리의 장면'을 주의 있게 보십시오.

첫 번째 장면: 올바른 길에서 벗어난 자들과 같이(그러나 취하지 않은) 등한시함의 베일 뒤에서 보이는 (제가 예전에 보았던) 등한시하는 자들의 세상의 진실을 묘사하고 있습니다.

두 번째 장면: 올바른 길로 가며 하나님의 존재함으로 평화를 느끼는 사람들의 세상의 진리를 나타냅니다. (이전에 썼었는데, 그 형식으로 그대로 두었습니다. 시와 비슷하지만 시는 아닙니다.)

سُبْحَانَكَ لاَعِلْمَ لَنَا اِلاَّ مَا عَلَّمْتَنَا اِنَّكَ اَنْتَ الْعَلِيمُ الْحَكِيمُ ۞

"하나님이여 영광을 받으소서.
저희는 당신이 가르쳐준 것 외에는 아무것도 모르나니,
실로 당신은 아심과 지혜로 충만하심이라."[16]

---

16) 꾸란 2장(바카라 장) 32절

رَبِّ اشْرَحْ لِى صَدْرِى ❊ وَيَسِّرْ لِى اَمْرِى ❊ وَاحْلُلْ
عُقْدَةً مِنْ لِسَانِى ❊ يَفْقَهُوا قَوْلِى ❊

"이때 모세가 '주여 저를 위해 저의 마음을 활짝 열어주소서, 그리고 저의 일이 쉽도록 하여 주소서. 저의 혀에 장애물을 제거하여 주소서, 그리하여 제 말을 이해하도록 하여 주소서' 라고 하였더라."[17)]

اَللّٰهُمَّ صَلِّ عَلَى الذَّاتِ الْمُحَمَّدِيَّةِ اللَّطِيفَةِ اْلاَحَدِيَّةِ
شَمْسِ سَمَاءِ اْلاَسْرَارِ وَمَظْهَرِ اْلاَنْوَارِ وَمَرْكَزِ مَدَارِ
الْجَلاَلِ وَقُطْبِ فَلَكِ الْجَمَالِ ❊ اَللّٰهُمَّ بِسِرِّهِ
لَدَيْكَ ❊ وَبِسَيْرِهِ اِلَيْكَ ❊ اَمِنْ خَوْفِى ❊ وَاَقِلْ
عُثْرَتِى ❊ وَاذْهِبْ حُزْنِى وَحِرْصِى ❊ وَكُنْ لِى وَخُذْنِى
اِلَيْكَ مِنِّى ❊ وَارْزُقْنِى الْفَنَاءَ عَنِّى وَلاَ تَجْعَلْنِى مَفْتُونًا
بِنَفْسِى ❊ مَحْجُوبًا بِحِسِّى ❊ وَاكْشِفْ لِى عَنْ كُلِّ سِرٍّ
مَكْتُومٍ ❊ يَا حَىُّ يَا قَيُّومُ ❊ يَا حَىُّ يَا قَيُّومُ ❊ يَا حَىُّ
يَا قَيُّومُ ❊ وَارْحَمْنِى وَارْحَمْ رُفَقَائِى ❊ وَارْحَمْ اَهْلَ
اْلاِيمَانِ وَالْقُرْاٰنِ ❊ اٰمِينَ يَا اَرْحَمَ الرَّاحِمِينَ وَيَا اَكْرَمَ
اْلاَكْرَمِينَ
❊

---

17) 꾸란 20장(따하 장) 25-28절

"오 하나님!
비밀의 하늘의 태양이시여, 빛의 발현이시여,
위엄의 중심이자 아름다움의 최고이신 무함마드의
유일하고 잠재된 본질에 자비를 베푸소서.
오 하나님!
당신 앞에서 그의 비밀과 당신을 향한 여정을 위해,
제 두려움에서 저를 안전하게 하시고,
나의 실수를 바로잡아 주시고,
제 슬픔과 탐욕을 제거해 주소서.
당신의 존재와 평화로 저를 축복해 주소서.
저를 제게서 구원하시어 당신께로 데려가 주소서.
제 존재를 당신께 바침으로써 저에게 양식을 주소서.
저를 욕망에 사로잡히게 하지 마시고,
감정에 눈멀지 않도록 해주소서.
모든 숨겨진 비밀을 제게 열어주소서.
살아 계시며 삼라만상의 존재를 유지하시는 분이시여!
살아 계시며 삼라만상의 존재를 유지하시는 분이시여!
살아 계시며 삼라만상의 존재를 유지하시는 분이시여!
저와 제 벗들에게, 믿음과 꾸란의 사람들에게
자비를 베푸소서.
아민! 자비로우신 분 중에 가장 자비로우시고 은혜로우신
분 중에 가장 은혜로우신 하나님이시여!"

وَاٰخِرُ دَعْوٰيهُمْ اَنِ الْحَمْدُ لِلّٰهِ رَبِّ الْعَالَمِينَ ۞

"그들의 기도는 다음과 같은 말로 끝납니다. '찬양하는 것은 온 세상의 주인이신 하나님을 위해서입니다.'"[18]

---

18) 꾸란 10장(유누스 장) 10절

스무 번째 편지 [19]

(중 첫 번째 부분)

بِاسْمِهِ سُبْحَانَهُ

그 어떤 결점도 없으신 하나님의 이름으로

وَإِنْ مِنْ شَيْءٍ اِلاَّ يُسَبِّحُ بِحَمْدِهِ

"영광으로 그분을 찬미하지 않는 것 하나도 없도다." [20]

자비로우시고 자애로우신 하나님의 이름으로

---

19) 리살레이누르 전집 중 편지들(Mektubat)
20) 꾸란 17장(이스라 장) 44절

لاَ اِلهَ اِلاَّ اللهُ وَحْدَهُ لاَ شَرِيكَ لَهُ لَهُ الْمُلْكُ وَلَهُ الْحَمْدُ يُحْيِى وَيُمِيتُ وَهُوَ حَيٌّ لاَ يَمُوتُ بِيَدِهِ الْخَيْرُ وَهُوَ عَلَى كُلِّ شَىْءٍ قَدِيرٌ وَاِلَيْهِ الْمَصِيرُ ❀

"하나님 외에 다른 신은 없도다.

그분은 한 분이시며 그분의 동반자는 없도다.

천지의 모든 것은 그분의 것이며

오로지 그분에게만 찬미하도다.

삶을 주시는 분은 그분이시며

죽음을 주시는 분 또한 그분이시다.

그분은 영원히 살아계시며 죽지 않으시는 분이시다.

모든 좋은 것은 그분의 손안에 있다.

그분은 모든 일에 전지전능하시도다.

천지의 모든 것과 우리들 모두

그분에게로 돌아가도다."[21]

---

21) 하디스
 -부하르가 전함, 아잔, 155p
 -무슬림, 지키르: 28, 30, 74, 75, 76p
 -티르미드, 메바, 108p, 하즈,104p

아침 예배(파즈르)와 저녁 예배(마그립) 후에 반복해서 암송하면 아주 많은 보상이 있으며, 또한 (믿을만한 하디스의 소식에 따라) 가장 위대한 이름과 같은 가치를 가진 이 하나님의 유일성에 대한 문장에는 열한 가지의 구절을 내포하고 있습니다. 그 구절 각각에는 희소식, 양육하시는 분의 유일성의 단계, 가장 위대한 이름의 관점에서 유일성의 위대함과 유일성의 완벽함이 포함되어 있습니다.

이처럼 크고 높은 진리들의 설명은 리살레이누르 전집 중 다른 부분에서 설명하기로 하고 지금은 간략하게 '머리말'과 '두 가지 부분'으로 목차 식으로 요약하겠습니다. [22]

---

22) 원본에는 두 가지 부분으로 구성되어있지만 이곳에서는 그 중 첫 번째 부분까지만 언급되었습니다.

머리말

다음에 대해 확실히 알아야 합니다.

창조의 가장 높은 목적과 가장 중요한 결과는 **İman-ı billâh**(하나님에 대한 신앙)입니다.

또한 인류의 가장 높은 지위와 가장 최고 수준은 **İman-ı billâh**(하나님에 대한 신앙)가 포함하는 **Marifetullah**(하나님을 아는 것)입니다.

또한 진[23]과 인간의 가장 빛나는 행복과 가장 달콤한 은총은 그 **Marifetullah**(하나님을 아는 것)이 포함하는 **Muhabbetullah**(하나님에 대한 사랑)입니다.

또한 인간의 정신과 마음을 위한 가장 순수한 기쁨은 그 **Muhabbetullah**(하나님에 대한 사랑)이 포함하는 **Lezzet-i ruhaniye**(정신적인 황홀감)입니다.

---

23) 진: 이슬람에서 불로 창조된 존재(인간은 흙으로, 천사는 빛으로 창조되었다)로, 인간처럼 신앙과 불신을 가지거나, 선과 악의 성향을 가질 수 있다.

그렇습니다. 모든 본질적인 행복, 순수한 기쁨, 달콤한 은총, 아무것도 첨가되지 않은 맛은 당연히 **Marifetullah**(하나님을 아는 것)와 **Muhabbetullah**(하나님에 대한 사랑)에 있습니다. 그것들은 이들 없이 불가능합니다.

전능하신 창조주를 알고 사랑하는 사람은 무한한 행복, 은총, 빛, 신비스러움을 잠재적 또는 실질적으로 받을 수 있습니다.

그분을 올바로 알지 못하거나 사랑하지 않는 사람은 끝이 없는 정신적이고 물질적인 불행과 고통 그리고 두려움을 느끼게 됩니다.

그렇습니다. 이 비참한 세상에서, 이 부랑자인 인간들 속에서, 결실이 없는 이 삶에서, 주인과 보호자도 없는 상태에서, 이 무능하고 가엾은 사람이 온 세상의 왕이라 할지라도 얼마나 가치가 있겠습니까? 이처럼 부랑자인 인간들 속에서, 이 비참하고 일시적인 세상에서, 인간이 자신의 주인을 알지 못하고, 자신의 소유주를 찾지 못한다면, 얼마나 불쌍하며 무의미한 존재인지 모두 알 것입니다.

반면 만일 자신의 주인을 찾고 자신의 소유주를 알게 된다면, 그 순간 그분의 자비에 피난하고 그분의 권능에 의지하게 되며, 그 공포스러운 세상이 구경하는 장소로 바뀌게 되며 내세를 위한 교역 장소가 될 것입니다.

첫 번째 부분

이 유일성과 관련한 열한 개의 구절 각각에는 희소식이 있습니다. 그리고 그 희소식에는 각각의 치유가 있으며 그 치유 속에는 각각의 정신적인 즐거움이 있습니다.

첫 번째 구절

لَا إِلَهَ إِلَّا اللَّه (라 일라헤 일랄라)

"하나님 외에 다른 신은 없도다."

이 구절에는 다음과 같은 희소식이 있습니다.

수많은 필요한 것들과 무수한 적의 공격으로 의해 고통을 받는 인간의 영혼은 이 구절에서 다음과 같은 도움을 청하는 지점을 찾을 수 있습니다: 그 지점은 자신이 필요한 모든 것들을 확보시켜 줄 자비의 보물의 문을 그에게 열어 줍니다.

또한 다음과 같은 의지할 수 있는 지점을 찾을 수 있습니다. 그 지점은 인간에게 모든 적의 피해로부터 안전하게 보호해 줄 절대적인 권능을 가지신 '숭배를 받으시는 분'과 '창조주'를 알게 하여 그의 주인을 보여줍니다. 또한 그 보여줌으로써 마음을 완전한 고적함으로부터 구하고 정신을 슬픔으로 인한 아픔으로부터 구하여 영원한 상쾌함과 지속적인 행복을 느끼게 합니다.

두 번째 구절

وَحْدَهُ (와흐데후)

"그분은 한 분이시다."

이 구절에는 치유가 되며 행복을 주는 희소식이 있습니다. 그것은 다음과 같습니다.

삼라만상에 존재하는 대부분의 피조물과 관계가 있으며 그 관계로 인해 혼란과 고통 속에서 거의 숨이 막힐 지경인 인간의 마음과 정신은 '그분은 한 분이시다'라는 구절을 통해 피난처와 보호자를 찾게 되며 이 구절이 그를 모든 혼란과 고통으로부터 구하게 됩니다.

즉 '그분은 한 분이시다.'라는 구절은 다음과 같은 의미를 알려 줍니다:

"하나님께서는 한 분이십니다. 다른 것에 의지하여 자신을 지치게 하지 마십시오. 당신 자신을 비하하며 그들에게 고마워하지 마십시오. 그들에게 아첨하며 머리를 숙이지 마십시오. 그들 따라다니며 구걸하면서 고생하지 마십시오. 그들로부터 무서워하며 떨지 마십시오! 왜냐하면 이 삼라만상의 주인은 한 분이시며 모든 것들의 열쇠는 그분이 갖고 계시고, 모든 것들의 고삐는 그분의 손에 있으며, 모든 것은 그분의 명령으로 해결되며, 그분을 찾으면 모든 원하는 것을 찾게 되며, 끝이 없는 고마움으로부터, 셀 수 없는 두려움에서 벗어나게 되기 때문입니다."

세 번째 구절

لَا شَرِيكَ لَهُ (라 쉐리켈 레흐)

"그분의 동반자는 없도다."

즉 그분의 신성과 절대 군주권(통치권)에는 동반자가 없으며, 하나님께서는 한 분이시며 다수일 수가 없습니다. 이와 마찬가지로 양육하심, 하시는 일, 무엇을 만드시는 것에도 동반자가 없습니다.

이와는 반대로 일반적인 통치의 경우에, 군주가 한 명이며 통치권에 동반자가 없지만, 때로는 국정 수행 시 그의 관리들이 그의 동반자처럼 여겨집니다. 모든 사람이 군주의 앞에 가는 것을 막고 "우리에게 먼저 요청하세요."라고 합니다.

그러나 '시작과 끝이 없으신 영원하신 왕'인 '전능하신 창조주'께서는 그분의 왕국에서 동반자가 없을 뿐만 아니라, 양육하심과 관련한 일들에 대해서도 어떠한 조력자와 동반자가 필요 없으십니다. 명령과 의지, 힘과 권능이 없다면 그 어떤 것도 어떤 일에 개입할 수 없습니다. 모두가 그분께 직접 요청할 수 있으며, 그분에게 그 어떤 동반자와 조력자도 없으므로, 그분께 요청하는 사람에게 "안 됩니다! 그분 앞에 갈 수 없습니다."라고 할 수 없습니다.

이처럼 이 구절은 인간의 영혼에 다음과 같은 희소식을 전합니다.

신앙을 획득한 인간의 영혼은 어떤 방해나 간섭 없이, 모든 상황과 모든 요구와 모든 곳에서 '시작과 끝이 없이 영원하시며, 자비의 금고의 주인이신 분', '행복한 보물의 주인이신 영광스럽고 아름다우신 분, 완벽하고 전능하신 분'의 앞으로 나아가 필요한 것들을 직접 요청할 수 있으며, 그분의 자비를 찾고 그분의 권능에 의지하여 완전한 편안함과 행복을 얻을 수 있습니다.

네 번째 구절

لَهُ الْمُلْكُ (레훌 물크)

"천지의 모든 것은 그분의 것이다."

즉 모든 것은 그분의 소유입니다. 당신은 그분의 재산이며 그분의 종이며 그분의 통치 안에서 일하고 있습니다. 이 구절은 다음과 같은 치료의 희소식을 전하고 있습니다.

인간이여! 당신은 자신을 당신의 소유라고 생각하지 마십시오. 왜냐하면 당신은 자신을 스스로 관리할 수 없으며 그 짐은 무겁기 때문입니다. 즉 혼자서 보호할 수도 없고 재앙으로부터 피할 수도 없으며 그 짐에 필요한 것들을 확보할 수도 없습니다. 그러니 쓸데없이 고민하며 고통받지 마십시오. 그 재산은 다른 분의 것입니다. 그 주인은 권능을 가지신 분이며 자비로우신 분입니다. 그분의 권능에 의지하고, 그분의 자비를 비난하지 마십시오. 슬퍼하지 말고 즐기십시오. 수고를 버리고, 안녕을 찾으십시오.

또한 말하길,

정신적으로 당신이 사랑하고 당신과 관계있는, 혼란스러움으로 인해 당신을 비통하게 만들며, 고칠 수 없는 이 세상은 어떤 자비로우시고 권능을 가지신 분의 재산입니다. 그러니 그 재산을 주인에게 넘기고, 그분에게 맡기십시오. 그 세상의 고생을 겪지 말고 평안을 누리십시오. 그분은 또한 현명하신 분이시며 자비로우신 분이십니다. 자신의 재산을 원하시는 대로 지배하고 관리하십니다. 당신이 공포에 떨 때, 학자 이브라힘 하끄처럼 "주인이 무엇을 하는지 봅시다. 그분이 무엇을 하시든지 그것이 가장 좋은 것입니다."라고 하며 창문에서 보고, 안으로 들어가지 마십시오!

다섯 번째 구절

وَلَهُ الحَمدُ (왜 레훌 함드)

"오로지 그분에게만 찬미하도다."

즉 찬송과 칭송, 찬사와 감사는 오로지 그분을 위한 것이며 그분에게만 적합합니다. 그러므로 은총들은 그분의 것이며 그분의 금고로부터 나오는 것입니다. 그리고 그 금고는 고갈되지 않습니다. 이처럼 이 구절은 다음과 같은 희소식을 전합니다.

인간이여! 은총이 사라지는 것에 대해서 슬퍼하지 마십시오. 왜냐하면 자비의 금고는 고갈되지 않기 때문입니다. 또한 즐거움이 사라지는 것을 생각하며 그 슬픔으로 울지 마십시오. 왜냐하면 그 은총의 열매는 끝이 없는 자비의 열매이기 때문입니다. 나무가 영원하다면 열매가 없어지더라도 다시 열매가 맺힐 것입니다. 은총의 즐거움 속에서 그 즐거움보다 백배 더 즐거움을 주는 자비로우신 분의 관심을 생각하고 감사하며 그 즐거움을 백배 더 증가시킬 수 있을 것입니다.

마치 한 위대한 왕이 당신에게 선물한 사과 하나의 맛 속에서, 백 개, 아니 천 개의 사과의 맛을 넘어서는 '왕의 특별한 대우'의 기쁨을 당신에게 느끼게 하고 베푸는 것과도 같습니다.

이와 마찬가지로 'الحَمدُ لَهُ'(레훌 함드)[24]의 구절은 찬송과 감사를 통해, 즉 은총으로부터 은총을 부여받음을 느끼

---

24) 오로지 그분에게만 찬미하도다.

며, 즉 은총을 주신 분을 알며 은총을 부여받음을 생각하며, 즉 그분의 자비의 관심과 동정심의 호의와 은총이 지속적이라는 것을 생각하며, 그 은총보다 천 배 더 맛을 느끼며, 정신적인 기쁨의 문을 당신에게 열리게 합니다.

여섯 번째 구절

يُحْيِى (유흐이)

"삶을 주시는 분은 그분이시다."

즉 삶을 주시는 분은 그분이십니다. 또한 삶을 양식으로 지속하게 하시는 분 또한 그분이십니다. 또한 삶을 위해 필요한 것들을 준비하시는 분도 그분이십니다. 삶의 높은 목적들은 그분에게 속해 있고 중요한 결과들도 그분을 향하고, 99%의 열매는 그분의 것입니다. 그러므로 이 구절은 이처럼 일시적이고 빈곤한 인간에게 소리내어 희소식을 알리며 말합니다.

인간이여! 당신의 삶의 무거운 짐들을 어깨에 짊어지며 고생하지 마십시오. 이 삶의 덧없음을 생각하며 슬퍼하지 마십시오. 오직 세속적이며 중요하지 않은 열매들만을 생각하며 이 세상에 온 것에 대해 후회하지 마십시오. 오히려 당신의 몸이라는 이 배(탈 것)에 있는 생명의 기구는 '삼라만상의 존재를 유지하시며 영원히 살아계시는 분'의 것입니다. 그 비용과 필요한 것들은 그분께서 제공하십니다. 그리고 당신 삶의 무척 많은 목표와 결과들이 있으며 그것은 그분의 것입니다.

당신은 그 배에서 오로지 키잡이일 뿐입니다. 그러니 당신의 의무를 잘하고 임금을 받고 즐거움을 누리십시오. 그 삶이라는 배가 얼마나 가치가 있는지, 얼마나 좋은 이득이 있는지, 그 배의 주인인 그분이 얼마나 관대하신 분이며 자비로우신 분인지 생각하고 기뻐하십시오. 그리고 감사하십시오. 그리고 당신의 의무를 진실하게 행할 때 그 배가 생산하는 모든 결과는 당신의 선행이 기록되는 노트에 적힐 것이며, 당신은 불멸의 삶을 확보하게 할 것이며, 당신에게 영원한 삶을 부여하게 할 것이라는 것을 아십시오.

일곱 번째 구절

وَيُمِيتُ(왜 유미트)

"죽음을 주시는 분 또한 그분이시다."

즉 죽음을 주시는 분은 그분이십니다. 그분은 삶의 의무로부터 제대시키며, 일시적인 현세에 있는 당신의 장소를 바꾸시며, 노동의 부담으로부터 자유롭게 하십니다. 즉 당신을 일시적인 삶에서 영원한 삶으로 데리고 가십니다. 즉 이 구절은 일시적인 진과 사람에게 다음과 같이 외칩니다.

당신들에게 희소식이 있습니다! 죽음은 사형이 아니며, 무(無)가 아니며, 소멸이 아니며, 쇠퇴함이 아니며, 영원한 헤어짐이 아니며, 존재하지 않음이 아니며, 우연히 일어난 일이 아니며, 행위자 없는 파괴도 아닙니다. 오히려 '모든 것을 끝이 없는 지혜와 자비로 하시는 분'에 의한 제대이며, 거주지를 바꾸는 것이며, 영원한 행복의 장소로, 본래의 고국으로 보내는 이동입니다. 당신의 친구들 99%가 모인, 그들을 만나는 중간 세상의 문입니다.

여덟 번째 구절

وَهُوَ حَىٌّ لاَ يَمُوتُ (와 후왜 하이윤 라 예무트)

"영원히 살아 계시는 분이시다."

즉 삼라만상의 모든 피조물에서 보이고 사랑의 원인이 되는 완전함과 아름다움, 호의의 한없는 정도를 넘어선 아름다움과 완전함, 호의의 주인이시며, 모든 사랑받는 존재들을 대신하여 단 하나의 아름다움의 보임으로도 충분한 '끝이 없는 숭배를 받으시는 분', '영원히 사라지지 않는 사랑을 받으시는 분'은 소멸과 일시적임의 오점으로부터 벗어나 있고, 결함과 결점으로부터 깨끗합니다. 즉 이 구절은 진과 인간과 모든 의식 있는 존재와 사랑하는 사람들에게 다음과 같이 선언합니다.

"당신들에게 희소식이 있습니다! 사랑하는 사람들과 셀 수 없는 헤어짐으로 인한 상처들을 치료해 주고 연고를 발라 주시는 영원한 사랑을 받으시는 분이 계십니다. 그분이 계시고 그분이 영원하시므로 다른 것들이 어떻게 되든지 간에 걱정하지 마십시오. 오히려 그 사랑받는 것들에게서 보이는 당신이 사랑하는 원인인 아름다움, 호의, 미덕, 완벽함은 그 영원한 사랑을 받으시는 분의 끝이 없는 아름다움을 비추는 것의 아주 많은 장막을 지나 꽤 희미한 그림자의 그림자일 뿐입니다. 그러기 때문에 그들의 소멸로 아파하지 마십시오.

왜냐하면 그들은 하나의 거울일 뿐이기 때문입니다. 거울에 비치는 것들이 새롭게 변하는 것은 그분의 아름다움을 보여주는 비춤을 새롭게 하는 것이며 아름답게 하는 것입니다. 그렇다면 그분이 계시므로 모든 것이 있는 것입니다."

아홉 번째 구절

بِيَدِهِ الْخَيْرُ (비예디힐 하이르)

"모든 선(좋은 것)은 그분의 손안에 있다."

즉, 당신들이 행한 모든 선(좋은 것)은 그분의 노트에 옮겨지며, 당신이 행하는 모든 선행은 기록됩니다. 이 구절은 진과 인간들에게 외치며 다음과 같은 희소식을 전합니다.

이 불쌍한 자들아! 무덤으로 향할 때 "아이고! 우리의 재산은 파괴되었고 우리의 노력은 헛수고가 되었구나. 이 아름답고 넓은 세상에서 떠나 이 좁은 땅속에 들어와 버렸구나."
라고 하지 마십시오. 비명을 지르며 절망하지 마십시오. 왜
냐하면 당신들의 모든 것들은 보관되고 있고, 당신들이 행한
모든 행위는 기록되었고, 당신들이 행한 모든 임무는 기록되
었기 때문입니다.

그분은 당신들의 근무에 대해 보상하실 것입니다. 또한
모든 좋은 것이 자신의 손에 있고, 모든 좋은 것을 할 수 있
는 분인 '영예로우신 분'이 당신들을 이끌어 땅 밑에서 일
시적으로 머물게 하신 후, 자신의 앞으로 데려오실 것입니
다. 그러니 얼마나 행복한 일입니까! 당신들의 근무와 의무
는 끝났으며 당신들의 고생도 끝났습니다. 즉 편함과 자비
로 가고 있으며, 근무와 고생은 끝났고 임금을 받으러 가고
있습니다.

그렇습니다. 지난 봄의 행위들을 기록한 페이지들과 그것
의 근무를 보관하는 상자인 씨앗들과 낱알들을 보관하시고 다
음 해 봄에 꽤 빛나게 하시며, 오히려 원래의 것보다 백배 더 풍
부하게 보관하시며 펼치시는 '영광스럽고 전능하신 분'은 당
연히 당신들 삶의 결과들도 보관하실 것입니다. 또한 당신들의
근무에 대해서도 아주 풍부하게 보상하실 것입니다.

열 번째 구절

وَهُوَ عَلَى كُلِّ شَيْءٍ قَدِيرٌ وَهُوَ (왜 후왜 알라 쿨리 쉐이인 까디르)

"모든 일에 전지전능하신 분이십니다."

즉 그분은 한 분이시며, 유일하시고 모든 것에 대해 전능하십니다. 또한 그 어떤 것도 그분에게 어렵지 않습니다. 봄을 창조하시는 것은 꽃 한 송이를 창조하신 것만큼 그분에게 쉬운 일이며, 천국을 창조하시는 것은 봄을 창조하시는 것처럼 그분에게 편한 일입니다. 매일, 매년, 매 세기에 계속 새롭게 창조하시는 무수한 예술 작품들은 그분의 무한한 권능을 수없이 많은 언어로 증언합니다. 이처럼 이 구절 또한 다음과 같은 희소식이 있으며 다음을 전합니다.

인간이여! 당신이 한 근무와 숭배는 아무 쓸모 없이 한 것이 아닙니다. 보상받는 곳과 행복한 장소가 당신을 위해 준비되어 있습니다. 당신의 이 일시적인 세상 대신에 영원한 천국이 당신을 기다리고 있습니다. 당신이 경배하며 알고 있던 영광스러운 창조주의 약속을 믿고 신뢰하십시오. 그분께서 약속하신 것을 지키지 않으신다는 것은 있을 수도 없는 일입니다. 그분의 권능은 그 어떤 부족함도 없으며, 무능력함이 있을 수 없습니다. 당신의 작은 정원을 창조하신 것처럼, 천국 또한 당신을 위해 창조하실 수 있으며, 창조하셨으며, 당신에게 약속하셨습니다. 약속하셨으므로 당연히 당신을 그 안으로 데려가실 것입니다.

우리가 직접 눈으로 보듯이, 매년 지상에서 30만 가지 이상의 동물들과 식물들의 종과 집단들을 완벽한 규칙과 균형으로, 완전히 빠르고 쉽게 부활시켜 펼치십니다. 그렇다면 분명히 이러한 '영광스럽고 전능하신 분'은 자신의 약속을 이행할 충분한 능력이 있으실 것입니다.

또한 '절대적인 전능하신 분'은 매년 부활과 천국의 표본들을 수천 가지의 형식으로 창조하십니다.

또한 모든 신의 말씀들로 영원한 행복을 약속하시며 천국의 희소식을 전하시는 분이십니다.

또한 그분의 모든 일과 행동은 옳고 진실하며 성실하고 진지합니다.

또한 그분의 모든 작품의 증언으로 모든 완벽함이 그분의 무한한 완벽함을 입증하며 증언합니다.

또한 그 어떤 결점이나 부족함이 없으십니다.

더군다나 약속을 어기는 것과 포기하는 것, 거짓말과 속이는 것은 가장 추한 것이며 부족함과 결점인 것입니다.

그러므로 당연히 그 '영광스러움을 가지신 전능하신 분', '모든 완벽함을 가지신 현명하신 분', '아름다움을 가지신 자비로우신 분'은 약속을 지키실 것이며 영원한 행복의 문을 여실 것입니다. 여러분의 아버지 아담(그분에게 평화가 깃들기를)의 본 거주지였던 천국에 신앙자들이 들어가게 할 것입니다.

열한 번째 구절

وَاِلَيْهِ الْمَصِيرُ (왜 일레이힐 마씨르)

"천지의 모든 것과 우리들 모두 그분에게로 돌아가노라."

교역과 공적인 업무를 위한 중요한 임무들로 이 시험 장소인 세상에 보내진 사람들은 교역을 하며 의무를 끝내고, 근무를 마친 후에 그들을 그곳으로 보내신 '영광스러움을 가지신 창조주'에게 다시 돌아갈 것이며 '관대하신 주인'과 만나게 될 것입니다. 즉 이 일시적인 곳에서 떠나 영원한 곳에서 그분의 웅장함 앞에 영광을 얻게 될 것입니다.

즉 원인들의 혼란과 수단들의 어두운 장막에서 벗어나 영원한 신의 왕국에서 장막 없이 자비로우신 주님을 만나게 될 것입니다. 모든 사람은 직접 자신의 창조주, 숭배의 대상, 주님, 주인, 소유자가 누구인지 알게 될 것이며 찾게 될 것입니다. 즉 이 구절에는 다른 모든 희소식보다 더 좋은 희소식을 다음과 같이 전합니다.

인간이여! 어디로 가는지 그리고 어디로 향하고 있는지 알고 있습니까? (리살레이누르 서른두 번째 말씀의 마지막 부분에서 말한 것처럼) 현세에서의 천 년간의 행복한 삶은 천국에서의 한 시간에 미치지 못하며 그 천국에서의 천 년은 한 시간 주님의 아름다움을 보는 것과 비교할 수도 없습니다. 우리는 그 '영광스러움을 가지신 아름다우신 분'의 자비로움의 왕국과 그분의 앞으로 가고 있는 것입니다.

당신이 사로잡히고 매혹되며 갈망하는 가상적인 사랑하는 존재들 속의, 그리고 이 세상의 모든 피조물에서 보이는 아름다움과 좋음은 그분의 아름다움을 비추는 것과 그분의 좋은 이름들의 하나의 그림자일 뿐입니다. 또한 천국은 그 모든 매력으로 그분의 자비를 비추는 것입니다. 우리는 모든 열망과 사랑과 끌림과 매혹들은 사랑의 한 줄기 빛인 '끝이 없는 숭배를 받으시는 분', '영원히 사라지지 않는 숭배를 받으시는 분'이 계시는 영역으로 가고 있는 것이며, 영원한 연회 장소인 천국으로 초대받고 있는 것입니다. 그러니 무덤의 문으로 울면서 들어가지 말고, 웃으면서 들어가십시오.

또한 이 구절은 다음과 같은 희소식을 전합니다.

인간이여! 소멸, 부재, 무(無), 암흑, 잊힘, 썩어 없어짐, 흩어짐, 그리고 군중 속으로 사라지고 있다고 망상하며 생각하지 마십시오! 당신은 소멸하는 것이 아니라 영원함으로 가고 있는 것입니다. 존재하지 않는 것이 아니라 끊임없는 존재로 이송되고 있는 것입니다. 암흑이 아니라 빛의 세상으로 가고 있는 것입니다. 실제 소유자이자 모든 것들의 실제적인 주인에게 가고 있는 것입니다. 시작이 없으신 왕에게로 돌아가고 있는 것입니다. 군중 속의 사라짐이 아니라 유일성의 영역으로 쉬러 갈 것입니다. 헤어짐이 아니라 만남으로 향하고 있는 것입니다.